미술관에 간
심리학

미술관에 간
심리학

문주 지음

미술관에서 찾은 심리학의 색다른 발견

ⓒ Max Ernst / ADAGP, Paris - SACK, Seoul, 2025
ⓒ René Magritte / ADAGP, Paris - SACK, Seoul, 2025
ⓒ Successió Miró / ADAGP, Paris - SACK, Seoul, 2025
ⓒ 2025 - Succession Pablo Picasso - SACK (Korea)
ⓒ Salvador Dalí, Fundació Gala-Salvador Dalí, SACK, 2025
이 시적 내에 사용된 일부 작품은 SACK를 통해 ADAGP, Picasso Administration, VEGAP과 저작권 계약을 맺은 것입니다.
저작권법에 의하여 한국 내에서 보호를 받는 저작물이므로 무단 전재 및 복제를 금합니다.

알브레히트 뒤러, 〈자화상〉, 1500

파블로 피카소, 〈인생〉, 1903

"나는
명료한 정신으로
극도의 슬픔과 고독을
표현하려고 했다네."

- 빈센트 반 고흐 -

들어가며

누구나
무의식 속에
이미지를 갖고 있다

언젠가 한 영화배우가 초대되어 진행자와 근황을 나누는 텔레비전 프로그램을 봤다. 그는 잠시 휴식을 갖고자 장기간의 여행을 선택했었노라 답했고, 아내도 여행 기간 중 외국에서 만났다고 했다.

  소소한 일을 하면서 그다지 집중하지 않은 채 텔레비전을 켜놓았던 내 귀에 쏙 들어오는 대화가 있었다. 그는 아내에게 그림을 왜 그리는지 물어봤고, 아내는 "아이들은 다 그림을 그리잖아. 당신은 멈췄고 난 멈추지 않았을 뿐이야."라고 답했다. 아내는 아마도 화가인 모양이었다.

  그렇다면 나는 어느 쪽인가? 그녀의 말은 그림 그리기를 멈

쳤던 나의 과거를 반추하게 한, 울림 있는 답변이었다.

나 역시 그녀처럼 미술을 전공하긴 했지만, 20년 이상 그림을 그리지 않았고 창작 욕구도 거의 사라진 듯했다. 육아로 경력 단절의 쓴맛을 보던 중 우연히 미술치료를 접했고, 대학원 진학 후 운명처럼 다시 그림을 그리기 시작했다. 아니, 그릴 수 있게 되었다.

예술이 수천 년간 감정, 아이디어, 신념을 전달하는 데 사용된 강력한 자아 표현의 한 형태라는 걸 미술치료 공부로 깨우쳤고, 그림을 오랫동안 그리고 싶지 않았던 이유가 심리적 방어기제가 작업을 방해했기 때문이라는 것도 깨달았다.

미술은 과거에도 있었고, 현재에도 있으며, 미래에도 존재할 것이다. 그림은 '페인팅'이나 '드로잉'이라는 말로 쓰이는데, 그 모두를 통틀어 '아트'라고 부른다. 물론 아트는 미술뿐만 아니라 음악, 무용, 문학, 연극 등을 포함하기도 한다.

반면 '미술치료'라는 말을 들어본 이는 많지 않을 것 같다. 미술과 심리학 사이에서 태어난 미술치료는 영어로 표현할 때는 '아트 테라피'라 하여 당연한 듯 치료의 개념으로 쓰지만, 대한민국 의료법에 근거해 '치료'라는 단어는 심리·정서 분야에서 쓸 수 없으므로 나의 직업은 공식적으로 '미술심리상담사'다.

개인 미술치료 연구소를 운영하며 외부 강의를 나가 만난 수많은 내담자와 수강생들의 그림에서 느낀 건 인간의 무의식에 이미지가 존재한다는 경이로움이었다. 표현은 개인마다 다르지만, 미술치료사들은 공통적으로 보이는 모티브에 따라 상징적 의미를 해석하기도 하고 내담자가 스스로 알아차릴 수 있는 기회를 주기도 한다.

미술치료는 일반 상담과 달리 치료사와 내담자 사이에 '미술'이라는 징검다리가 존재하는데, 이러한 메커니즘이 만드는 작용은 말로 설명하기 어려운 공명(共鳴)성을 지닌다. 중요한 건 그들이 창조한 이미지가 언어와는 다른 의미를 전달하는 놀라운 능력을 지녔다는 점이다.

미술치료에서 기본적으로 배워야 할 심리학 이론에는 지그문트 프로이드의 정신분석학과 구스타프 칼 융의 분석심리학이 있다. 융은 예술을 상징화의 과정으로 이해했고, 원형(元型)적 요소에 맞닥뜨린 예술가는 '무의식'을 자신의 인격성과는 무관한 어떤 힘으로 경험한다고 봤다.

갑작스럽고 낯선 심리학 용어에 흥미를 잃을 수도 있고, 어렴풋이 이해는 가지만 정확히 모르는 개념들의 등장에 머리가 아플 수도 있다. 예술가들의 그림으로 심리학적 개념들을 쉽게 이해할 수 있도록 풀어 제시하고자 하니, 벌써 책을 덮어버리는 오류를 범하지 마시길 부탁드린다.

시대를 앞서 간 화가들의 그림들은 우리에게 무엇을 말하려 하는가? 사람들이 훌륭한 미술 작품에 반하는 건 지극히 정상적인 현상이다. 그 이미지들은 우리를 끌어당기고, 설득하고, 매료시킨다.

물론 미술 작품을 감상하는 방법에는 수용적 혹은 비판적 감상법도 있고 귀납적 사고법이나 반응 중심의 감상법 등 여러 가지가 존재한다.

이 책은 프로이트와 융의 심층 심리학적 관점에서 화가의 무의식에 해당하는 부분을 표출한 작품을 예시로 활용하되, 해석에 관한 성당성은 심리학적 개념을 근거로 할 것이다.

그러나 화가들이 남긴 그림의 상징을 이해하려고 노력할 뿐, 심리학적 근거를 제시한다 해도 해석이 옳다는 보장을 할 수 없다는 걸 꼭 말해두고 싶다. 다만 화가들의 인생과 작품을 조금은 다른 방식으로 이해할 수 있는 계기가 되길 바라는 마음으로 책을 썼다.

끝으로 미술과 심리학의 합방(合邦)에 힘써주신 믹스커피 김형욱 편집장님과 물심양면 도와주신 배정인 님, 작품을 실을 수 있게 기꺼이 허락해준 수강생들, 내담자들께 진심으로 감사드린다.

2025년 9월
문 주

목차

들어가며　누구나 무의식 속에 이미지를 갖고 있다　　　6

1장
미쳐야 그릴 수 있다? : 예술과 광기의 위험한 동행

천재인가, 광인인가? 예술사 속 광기　　　14
창의성의 씨앗, 정신질환이 만든 명작들　　　29
상처 입은 자아, 붓을 들다　　　42
우울한 붓끝으로 세상을 그린 화가들　　　53

2장
내가 보는 나 : 자화상에 숨은 이야기

자화상을 그린다는 것은　　　78
대담한 자화상 이면의 이야기　　　82
내 인생을 자화상에 새긴다　　　89
있는 그대로 그리는 사실주의　　　97
죽음을 노래한 자화상　　　103
고통스러운 나를 보라　　　108

3장

당신 안의 여성과 남성 : 아니마와 아니무스

당신 안의 또 다른 자아	120
유혹인가 예술인가, 매혹적인 여성들	128
달빛에 홀린 예술가들, 달의 상징성	135
사랑과 증오 사이, 어머니의 원형	145

4장

색이 말하는 것들 : 색채 심리학

인류 최초의 색, 그 비밀	154
지금, 우리가 가장 사랑하는 색	169
목숨과 맞바꾼 초록 드레스	188
고흐는 노란색을 정말 좋아했을까?	198
우리 딸은 왜 분홍색을 좋아하는 걸까	210

5장

무의식적 상징 : 자아의 표현

억압된 감정의 내적 자아와 무의식	222
꿈과 환상, 무의식이 만든 세계	225
가장 초현실적인 초현실주의자	234
초현실을 춤추는 광대의 운명	241
새가 된 나, 분신으로 남은 형상	249

참고문헌　　256

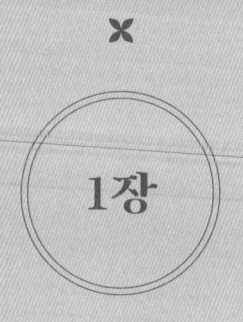

1장

미쳐야 그릴 수 있다?
: 예술과 광기의 위험한 동행

천재인가, 광인인가?
예술사 속 광기

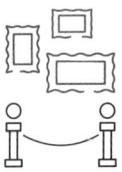

정신질환 문제를 겪은 화가를 떠올려 보라는 질문을 받으면 빈센트 반 고흐Vincent van Gogh, 에드바르 뭉크Edvard Munch, 앙리 드 툴루즈-로트렉Henri de Toulouse-Lautrec 정도는 쉽게 말할 수 있을 것이다. 조금 더 관심이 있다면 에드가 드가Edgar Degas, 조지아 오키프Georgia O'Keeffe에 이어 쿠사마 야요이 Yayoi Kusama까지 떠올릴 수 있을 것이다.

그리고 그들이 매우 창의적이었다는 공통점을 갖고 있다는 점도 인정할 것이다.

37세의 젊은 나이로 요절한 프랑스 화가. 그의 이름 정도는 한 번쯤 들어봤음직한 앙리 드 툴루즈-로트렉은 키가 152cm밖에 안 되었다고 한다. 분명 작은 키다. 그럴 수밖에 없었던 게

30세의 앙리 드 툴루즈-로트렉.

그의 부모는 사촌지간이었으므로 여러 가지 유전병을 앓고 있었다. 또한 그는 유전병과 함께 평생 우울증, 불안증, 편집증에 시달렸다.

당시 유럽에 압생트라는 독한 술이 유행하고 있었는데 거기에 꼬냑까지 섞어 마시던 로트렉은 알코올 중독으로 환각을 보기도 했다고 전해진다.

어느 날은 친구가 보고 있는 앞에서 실제 있지도 않은 거미를 죽이겠다면서 총을 쏴버린 적도 있다. 로트렉의 어머니와 친구들은 심각하게 걱정할 수밖에 없었고 결국 그를 정신병원에 입원시키고 만다.

정신질환과 예술은 어떤 관계일까? 둘 사이에 연결고리가 존재한다면, 정신의학 역사에서 미술이 어떤 의미였는지 먼저 들여다봐야 할 것 같다. 인간의 마음이 의지와 무관하게 우리에게서 등을 돌릴 때 무슨 일이 일어나는지, 이런 비극적인 현상을 역전시키고자 무엇을 할 수 있는지 학자와 의사, 과학자들은 오랜 세월 고민해 왔다.

정신질환을 치료하려는 시도는 기원전 5000년경으로 거슬러 올라가는데, 고대 문화가 자리잡고 있던 지역에서 발견된 구멍 뚫린 두개골에서 그 증거를 찾을 수 있다. 초기 인류는 정신질환이 영적 또는 악마적 소유, 마법, 화난 신과 같은 초자연적 현상의 결과라고 믿었다. 따라서 신비롭고 때로는 잔인한 치료법으로 대응했다.

고대 이집트에선 정신질환을 두고 악마에 씌었거나 귀신의 장난으로 여겼고, 중세 시대에 이르러 체액의 불균형으로 발생한다고 믿었다. 신체를 다시 평형 상태로 만들고자 환자에게 구토제와 완화제를 투여하고 거머리를 사용해 혈액을 뽑았다. 뿐만 아니라 정신질환자를 대상으로 종교 재판을 열어 화형에 처하기도 했다.

중세 시대 당시 과학적, 종교적, 심리적 견해로 '광기'가 있는 사람을 이해하고 받아들일 준비가 되어 있지 않았다는 걸 피력한다.

18세기 이전에는 정신의학이라는 개념 자체가 없었다. 지금은 흔히 볼 수 있는 정신의학과가 그 시절에는 존재조차 하지 않았기에, 현대를 살아가는 우리가 예전 그림과 증거물을 보면 다소 황당하고 끔찍하다고 여길 수 있다.

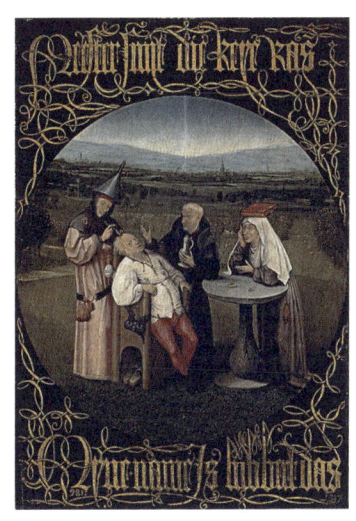

히에로니무스 보쉬,
〈돌을 자르는 행위〉,
1494년경

그렇게 마녀사냥이 끊임없이 자행되던 시절, 그나마 그들을 한 곳에 몰아 보호하려는 목적의 병원이 유럽 각지에서 생겨나기 시작했다.

13세기 독일 작센주 라이프치히에 세워진 슈피탈 센테 요르겐 같은 교회 병원이 그러한 형태였다. 비슷한 시기에 설립된 런던의 베들렘 왕립 병원의 경우, 헨리 3세 통치 시기인 1247년 이탈리아 주교 고프레도Goffredo에 의해 '베들렘 성모 수도원'이라는 이름으로 설립되었다. 그러나 설립 당시 임상적 의미의

1896년 베들렘 병원의 전경.

병원은 아니었고, 정신질환을 앓고 있는 사람을 위한 전문 기관은 더더욱 아니었다.

한때 베들렘은 요금을 내는 관람객에게 개방되어, 귀족 부인들이 마치 동물원의 동물 대하듯 먹던 빵을 환자들에게 던져주는 일도 잦았다고 한다.

이러한 파괴적 관행은 오랜 시간이 지난 1770년에 이르러 끝났고, 그 시기에 의사들은 정신질환이 뇌와 관련 있을 거라는 가설을 세우기 시작했다.

1808년 독일 의사 요한 크리스티안 라일Johann Christian Ryle은 비로소 '정신의학'이라는 용어를 만들었고 치료 방법을

윌리엄 호가스,
〈방탕자의 진보〉,
1735

개발했다.

하지만 정신질환 치료에 관한 수많은 시행착오는 21세기에 사는 우리가 듣기에 기함할 만한 시도들이 많았다. 환자들을 하루 종일 물속에 담그거나, 손에 뜨거운 왁스를 떨어뜨리거나, 회선의자에 앉혀 토하게 만들거나, 피부에 쥐를 올리는 등의 방식을 시도했다.

19세기에 들어 비로소 유럽 각지에서 '도덕적 치료'라는 치료법이 탄생했다. 정신질환을 앓고 있는 사람들이 깨끗하고 편안한 환경에서 동정심, 친절, 존엄성을 갖고 치료하는 게 도움이 될 수 있다는 믿음에 기초했다.

인도적이고 윤리적인 치료를 옹호하는 이러한 접근 방식은 당시 '미친 사람'을 의심과 적대감으로 바라보고 비위생적 환경에 가둬 기계적 구속, 신체적 처벌, 혈액 방출처럼 아무렇지도 않게 학대하는 일반적 관행과는 근본적으로 달랐다.

프랑스 의사 필립 피넬Philippe Pinel은 파리의 비세트르 병원에서 도덕적 치료를 시행하며, 더 이상 환자들을 사슬로 묶거나 구타하는 등 신체적 학대를 가해선 안 된다고 주장했다. 또한 정신질환을 심리적 스트레스에 과도하게 노출되었을 경우와 유전성의 가능성으로 나눠 별개로 인식하고 환자들에게 친절과 인내심으로 대하며 오락, 그림, 산책, 즐거운 대화를 하게끔 노력했다.

폴 막스-시몬.　　　발터 모르겐타우어.　　　한스 프린츠혼.

관점의 진화를 거듭한 의사들

정신질환자들을 대하는 의사와 일반인들의 시선이 조금씩 변하기 시작하면서 정신의학적 관점을 변화시키는 데 핵심적인 역할을 한 정신과 의사들을 간략히 소개하고자 한다.

프랑스의 폴 막스-시몬Paul Max-Simon, 스위스의 발터 모르겐타우어Walter Morgenthauer, 독일의 한스 프린츠혼Hans Prinzhorn이 그 주인공들이다.

시몬은 정신질환자들의 그림을 본격적이고 광범위하게 분석한 최초의 정신과 의사로 평가된다. 그의 공헌은 1876년에 발표한 「광기의 상상력」과 1888년에 발표한 「정신병 환자의 글

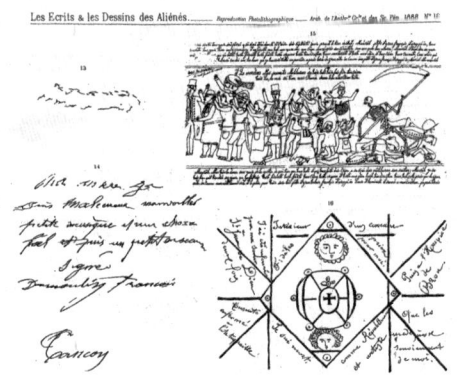

과 그림」이라는 두 편의 저널로 소개되었다.

그는 환자들에게서 자료를 수집하고, 질병의 표준 분류 체계에 따라 그림을 분류하고자 노력했다. 또한 그는 환자들의 창작물을 예술로 보진 않았지만 적어도 과학적 관찰자로서 접근하려 했다.

그의 그림 접근법은 오늘날까지 사용하는 연구 방법의 시작을 알린 셈이다.

시몬의 논문에서 발췌한 조울증에 시달리고 있는 환자 H의 그림을 들여다보자. 조울증의 정식 명칭은 '양극성 장애'인데, 기분이 들떠 자신감이 넘치는 조증 상태와 심하게 가라앉는 우울증 상태가 반복적으로 나타나는 질환이다.

조증의 상태에서 H는 극도로 수다스러운 모습을 보여주며 수천 개의 프로젝트를 형성했다. 반대로 우울할 때는 매우 차분해지며 행복하게 그림을 그리기도 했다. H의 그림을 보면 비록 의사가 아닐지라도 조증 상태와 우울증 상태를 쉽게 구분할 수 있다.

스위스 정신과 의사 모르겐타우어는 저서 『예술가로서의 환자: 아돌프 뵐플리』를 발표했다.

그는 이 책에 정신질환을 앓고 있던 환자 아돌프 뵐플리 Adolf Wüffle의 작품에 대한 진지한 소개와 해설을 담았고, 그를 '예술가'라고 선언했다.

모든 면에서 예외적인 뵐플리의 작품들은 당시 예술성에 대한 어떠한 보장이나 평가도 이뤄질 만한 상황이 아니었으므로, 매우 대담한 글이었다.

오늘날 뵐플리의 작품은 전 세계 전시회에서 선보이며, 유럽 예술계에서 큰 주목을 받기도 했다.

비극적 삶이 낳은 문제아

뵐플리가 저지른 범죄에 대한 변명이 될 수는 없겠으나, 그가 정신병원에 입원하기까지의 삶을 들여다보면 처참할 정도로 비극적이다.

아돌프 뵐플리.

뵐플리의 아버지는 그가 다섯 살 때 집을 떠났고 1년 후에 사망했다. 일곱 자녀를 부양할 능력이 없었던 어머니는 뵐플리를 지역 농장주에게 계약 노동자로 팔아버렸고, 그곳에서 어린 소년은 기초적 교육도 받지 못한 채 육체적 학대와 끊임없는 중노동에 시달려야 했다.

1873년, 뵐플리가 여덟 살 때 어머니마저 세상을 떠났으므로 가족도, 희망도 없던 소년은 노예와 다름없는 삶을 살았다. 18세에 뵐플리는 농장을 떠났지만, 여전히 잡일을 하며 고립되고 외로운 삶을 이어갔다.

그 후 10년 동안 뵐플리의 행동은 점점 더 공격적으로 변했고, 제대로 된 인간관계를 맺지 못하는 대신 어린 소녀들에게 접근하기 시작했다.

성추행으로 여러 번 감옥을 들락거리다가 어린아이를 폭행하는 세 번째 사건 이후 발다우 정신병원에 수감되었다.

아돌프 뵐플리,
〈리본 벽의 완다나 대성당〉,
1910

아돌프 뵐플리,
〈네버레인저 섬의 전경〉,
1911

상상으로 다시 태어난 세상

뵐플리는 입원 초기에 가구와 감방 문을 부수며 폭력성을 보였지만, 의사로부터 종이와 연필을 받은 후 그림을 그리고 글을 쓰면서 진정되었다. 자서전의 시작이었다.

1908년 뵐플리는 무려 2만 5천 페이지에 달하는, 그의 삶을 유토피아적으로 재해석한 대작을 쓰기 시작했고 수천 개의 삽

아돌프 뵐플리,
〈고급 식품점: 물고기 먹이 주기〉,
1911

아돌프 뵐플리,
〈대서양과 크레이들비치 항구〉,
1911

화, 지도, 악보가 들어갔다. 그렇게 뵐플리의 폭력적 성향은 예술을 통해서만 달랠 수 있었다.

첫 번째 권인 「요람에서 무덤까지」는 노예가 된 고아가 아니라 세계 여행가, 말하는 식물을 분류하고 외국의 왕들을 만난 모험가로서의 어린 시절 이야기를 들려준다.

이후 네 권은 훨씬 더 큰 변화를 기록했는데, 어린 여행자 뵐플리는 지상의 모든 지혜를 얻고 성 아돌프 거인 창조라는 우주

아돌프 뵐플리,
〈세흐렌 홀〉,
1926

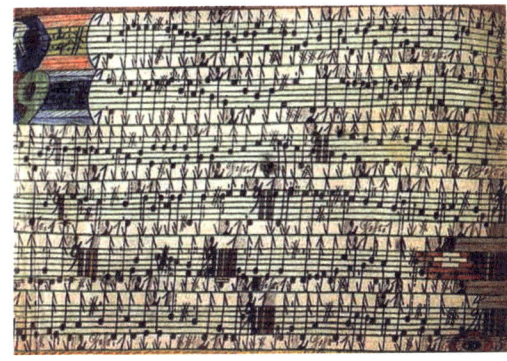

아돌프 뵐플리,
〈음악 표기법〉,
1930

론적, 형이상학적 구조로 진화한다. 전체 우주에 구조를 가져다주는 질서의 힘으로 보인다.

우리는 특정 문양을 볼 때 규칙을 찾으려 하고, 패턴이 없을 때조차 패턴을 찾는 경향이 있다. 조현병이 있는 경우 복잡하고 일정한 패턴에 집착하는 건 편집증적 특징이거나 자신이 위협받고 있다고 믿는 망상일 수 있다. 물론 그들의 그림이 완전히 이해되진 않지만, 공감각과 기억을 담당하는 기능과 다소의 관련이 있다는 사실이 과학적으로 받아들여지고 있다.

뵐플리가 제작한 자서전적 서사시는 마흔다섯 권으로 늘어났고 1,600개의 그림이 실렸다. 1930년 뵐플리가 사망한 후 그의 작품은 스위스 베른의 발다우 클리닉 박물관으로 옮겨졌으며, 그의 작품을 보존하고자 아돌프 뵐플리 재단이 설립되었다.

미술가는 작품에서 수행된 걸 보고 새로운 메시지를 다시 인식하고 내재화할 수 있다. 작품은 작가에게 계속 말을 걸고 그림 그리는 이의 경험을 담아낸다.

내면의 고통은 예술가뿐만 아니라 모든 인간에게 창조하고 소통해야 할 필요성을 증가시킬 수 있다. 더 깊이 고통받을수록 작품은 더욱 강렬하게 빛날 수 있기 때문이다.

창의성의 씨앗,
정신질환이 만든 명작들

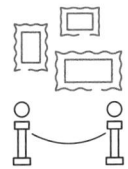

20세기에 들어 정신질환 치료 약물이 개발되었고 지그문트 프로이트Sigmund Freud 같은 의사가 인간의 무의식을 발견해 내며 더 이상 환자들은 교도소와 다름없던 병원에 갇혀 있지 않을 수 있게 되었다.

독일의 정신과 의사 한스 프린츠혼은 1919년 하이델베르그 대학 정신병원의 조교로 근무하기 시작했는데, 에밀 크레펠린 Emil Kraepelin 박사가 진행 중이던 정신질환 환자들의 작품 컬렉션을 확장하는 게 임무였다. 크레펠린 사망 후에도 그는 작업을 지속했고 5천 개 이상의 작품을 수집한다.

프린츠혼은 당시 쓰레기 취급을 받았던 환자들의 편지와 그림에 관심을 가졌고 환자들의 그림을 모아 『정신병 환자의 예술성』을 출판해 미술사와 정신의학 두 분야에 중요한 기여를 했다. 프린츠혼은 책의 첫 페이지에서 정신질환자의 작품에 대한 보고서 대부분이 의사들을 대상으로 작성되었다는 걸 지적했다. 그의 연구는 광범위한 독자를 대상으로 하되 인간 표현에 관련된 포괄적 예술 심리학을 구축하기 위한 기초를 마련하려는 의도를 명시했다.

프린츠혼은 "제1차 세계대전 이후 문화에 대한 믿음을 잃은 허무주의자가 되었다."라고 회고하며, 절망 속에서 새로운 방향성을 모색하려 애썼다. 그의 저서는 훗날 장 뒤뷔페Jean Dubuffet와 그의 아르 브뤼 운동*에 영향을 미쳤고, 아웃사이더 아트**의 발전으로 이어졌다.

프린츠혼이 특히 주목했던 환자 중 한 명은 아우구스트 나테러August Natterer다. 저서에서 '네다'라는 가명으로 등장한다. 프린츠혼의 책은 각각의 환자 예술가를 설명하는 열 개의 챕터로 구성되어 있는데, 나테러는 그중에서도 특별하게 다뤄진 인물이다.

나테러는 공학을 공부했고 전기 기술자로서 성공적인 인생

---

* 정신질환자, 수감자, 어린이, 원시 예술가 등의 관습에 얽매이지 않은 '원시 예술'을 의미하는 프랑스어.
** 전통 미술에 대한 훈련이나 교육을 받지 않은 개인이 제작한 예술.

아우구스트 나테러.

을 살고 있었는데, 서른아홉 살이 되던 1907년 4월 1일 만우절에 슈투트가르트의 상공에서 30분 동안이나 1만 개의 이미지가 번쩍이는 최후의 심판에 관련된 환각을 본다. 그 충격적인 환각의 기억은 평생 그를 괴롭혔고, 그는 자살 시도까지 한다.

수채화와 펜으로 그린 그의 그림들은 6년이나 지속된 환각으로 본 이미지들을 기반으로 한 것이다. 프린츠혼은 나테러의 작품을 "몸의 각 부분은 정교하게 그려져 있지만 유기체를 이루진 않는다. 그의 그림은 논리적이거나 미학적으로 해석하기 어렵고 관람자를 출구 없는 미로로 이끈다."라고 말했다.

마녀의 얼굴은 나테러의 유명한 작품 중 하나다. 마녀는 분석심리학적으로 상징성을 파악해볼 때 지나치게 팽창된 어머니, 걱정하고 통제하는 불안한 '어머니의 원형'이라 할 수 있다. 나테러의 마녀는 악어와 독수리를 마음껏 조종하고 옹기종기 모여 있는 한 마을의 배경이 된다. 이후 그 투명했던 유리구슬 같은 눈은 시야가 돌아온 듯 눈동자가 생긴다.

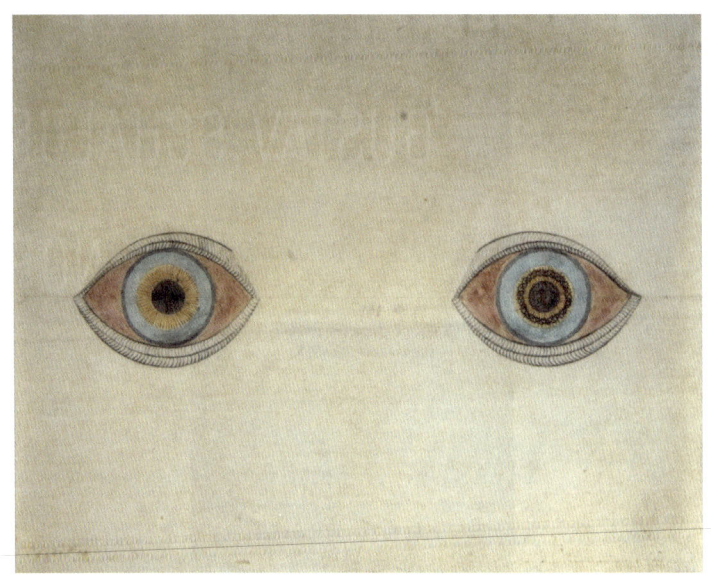

아우구스트 나테러,
〈발현의 순간에 있는 나의 눈〉,
1913

유럽의 다다이즘과 초현실주의의 주요 선구자였던 막스 에른스트Max Ernst는 나테러의 〈기적의 목자〉에서 많은 영감을 받았다. 나테러의 작품에서 나타나는 이질적 이미지의 결합은 초현실주의 회화의 주요 기법 중 하나가 되었다.

아우구스트 나테러,
〈독수리, 악어, 풍요의 뿔을 가진 마녀〉,
1911

아우구스트 나테러,
〈마녀의 머리 (앞뒤)〉,
1915

아우구스트 나테러,
〈기적의 목자〉,
1919

막스 에른스트의 작품.

엘제 블랑켄호른

사진 속 아름다운 여성 엘제 블랑켄호른Else Blankenhorn 역시 프린츠혼이 중요하게 생각했던 환자다. 그녀는 독일 남부 카를스루에서 교수 가문의 장녀로 태어나 부유한 환경에서 자랐고, 상류 계층의 여성을 위한 빅토리아 여자기숙학교에서 교육을 받았다. 어릴 때부터 음악을 좋아해 피아노를 연주하고 노래를 즐겼다.

블랑켄호른은 특정 직업을 희망하지 않았고, 안정된 결혼을 꿈꿨다. 그러던 그녀에게 충격적인 사건이 일어나는데, 평소 사모했던 막스 프라이헤어 폰 홀Max Freiherr von Holzing 장교가 그녀의 가장 친한 친구와 결혼한 것이다.

이 시기에 그녀는 신경 쇠약을 겪기 시작하면서 노래할 때 목소리가 나오지 않았다. 이후 요양소에서 머물렀고, 퇴원 이후에도 은둔 생활을 하며 할머니 집에서 지내는 일이 많아졌다. 그러나 몇 년 후 그녀를 돌봐주던 할머니와 아버지까지 연이어 세상을 떠난다. 가족들의 상실을 겪으며 그녀는 정신적으로 불안정한 상태에 빠져들었다. 결국 다시 요양소로 돌아갔고, 개인 간병인의 보호를 받았다.

1908년부터 그녀는 그림을 그리기 시작했고, 수채화와 유화 작업을 병행했다. 태피스트리를 수놓고 번역, 사진, 음악 등 다

엘제 블랑켄호른.

양한 예술 활동을 펼쳤다. 그녀는 색감이 강렬한 독특한 예술 세계를 구축하며 12년 동안 무려 450점의 방대한 작품을 남겼음에도 불구하고, 미술계에서 큰 주목을 받지 못했다.

당시 정신병원에서 만든 예술 작품들은 정신과 연구를 위한 임상 사례로만 봤고 예술적 가치보다 의학적 용도로 평가되었다. 특히 정신병원에 수용된 여성 예술가들은 남성보다 불리한 위치에 있었다. 그들의 작품은 대부분 무시되었으며, 기관 직원들에 의해 버려지는 경우가 많았다.

훗날 프린츠혼에 의해 재조명되었기에, 블랑켄호른의 작품을 연대순으로 정리하는 건 어렵다. 남아 있는 기록에 따라 1908년부터 1919년까지 제작된 것으로 추측할 뿐이다.

가장 먼저 살펴볼 작품은 〈황제 부부가 있는 우화〉다. 눈길을 끄는 건 강렬한 색채다. 중앙에는 밝은 빨강, 오렌지, 파랑으로 둘러싸인 날개 달린 여성의 실루엣이 있다. 얼굴이 묘사되지 않은 여성은 선명한 주홍빛 드레스를 입고 있으며, 오른쪽에 있

엘제 블랑켄호른,
〈황제 부부가 있는 우화〉,
1920년 이전

는 인물과 강한 대조를 이룬다. 하양과 다양한 푸른색 톤으로 묘사된 남성은 얼굴이 강조되어 있고 이미지 공간 안으로 떠오르는 듯하다. 이 대비적인 커플은 누구일까?

블랑켄호른은 자신이 카이저 빌헬름Kaiser Wilhelm*의 배우자라고 믿었다. 그녀는 '영혼 속의 아내'로서, 묻혔으나 실제로는 죽지 않은 결혼한 부부들을 되살리고 그들을 돌볼 책임을 맡

★   독일의 마지막 황제이자 프로이센 국왕.

았다고 생각했다. 블랑켄호른은 작품에서 상상 속 삶의 장면들을 그렸다. 색채와 인물 간의 강렬하고 극적인 대비로 그녀에게 얼마나 중요한 의미를 갖는지 느낄 수 있다.

황제는 초월적 공간에 떠 있는 듯하지만, 블랑켄호른이 스스로 '독일의 황후 엘제'라 칭한 여성은 아래로 내려오는 듯 보인다. 그녀의 붉은 날개는 아래로 늘어져 있으며, 왼손은 그림의 왼쪽에 있는 커플을 향해 뻗고 있다. 블랑켄호른의 상상 속에서 황제는 '가장 내면적인 사람'이고 그녀의 영적 남편이었다. 수많은 자화상**에서 블랑켄호른은 아버지, 제국적이고 신성한 남성상과 함께 다양한 정체성을 경험했다. 그녀의 성적 욕망은 위장된 방식으로 표현된다는 걸 알 수 있다.

자신이 국왕의 배우자라는 믿음 속에서 그녀는 수많은 지폐를 그림으로 제작했다. 모두 블랑켄호른이 상상의 사명감에 자금을 조달하고자 만든 지폐였다. 상상 속 지폐의 대부분에는 천사 같은 존재들이 등장하며, 그녀를 닮았다.

그녀가 수많은 은행권을 제작한 건 상상 속 삶의 임무를 수행하기 위한 수단으로 보이지만, 〈황제 부부가 있는 우화〉는 '묻힌 연인들의 부활'이라는 그녀의 사명이 완성되는 장면을 보

** 천사 같은 존재, 포도나무 잎으로 뒤덮인 젊은 여성, 가수이자 작곡가, 반항적인 나무 여인, 왕관을 쓴 황제의 아내.

엘제 블랑켄호른,
〈무세(가수로서의 자화상)〉,
1908~1919

여주는 듯하다. 물론 그녀의 인생에서 사명을 완수했다고 생각했는지 또는 이 그림이 그녀의 최종적인 성취를 표현한 것인지 우리는 영원히 알 수 없을 것이다.

"정신적 예외 상태에 있는 이들의 작품은 진정한 창작과 연관이 있을 것이다. 예술적 영감과 창작 과정이 한편에 있고, 정신질환자들의 세계관이 다른 한편에 있다면 말이다."

- 한스 프란츠혼 -

엘제 블랑켄호른,
〈금 90만센트플론〉,
1920년 이전

엘제 블랑켄호른,
〈100000억 개의 고귀한 우정-전 지구-충실한 결혼 생활, 사랑-의무적이고 충실한 사랑〉,
1908~1919

　　미술치료사로서 정신병동으로 1년간 임상을 나간 적이 있다. 답답한 입원 생활 중 그림 그리는 시간이 그들에겐 사막의 오아시스 같아 보였다. 주 1회의 종교적 활동을 빼고는 하루 종일 휴게실에 앉아 텔레비전을 보거나 낮잠 자는 일로 시간을 보내고 있었다.

　　물론 모든 환자가 예술성이 뛰어난 그림을 그릴 수 있는 건 아니다. 하지만 창작 활동이 약물과 더불어 그들에게 얼마나 큰 도움이 되는지 정신건강 분야에 종사하는 분들이라면 잘 알고 있을 것이다.

우리가 그들의 그림을 인정하고 감상하는 데는 몇 가지 중요한 이유가 있다. 환자의 입장에서 보면 독특한 자기표현 방식을 선택해 마음 깊은 경험을 타인과 공유할 수 있게 해준다. 그들은 미술로 자신의 지각, 환각, 생각의 단편적 본질을 전달할 수 있다.

또한 정신질환이라는 낙인과 선입견에 도전할 수 있을 것이다. 일반 관람객에게 환자의 예술적 재능과 창의성을 보여줌으로써 환자가 인정과 이해를 받을 만한 독특한 관점과 창의적 능력을 갖고 있다는 걸 상기할 수 있다.

그들의 그림은 자기표현을 위한 강력한 플랫폼을 제공하고 사회적 인식에 도전하며 의사나 치료사, 연구자에게 정신질환의 복잡한 본질에 대한 귀중한 통찰력을 제공하기도 한다.

고통을 겪는 환자들의 작품을 받아들이고 감상함으로써 그들의 독특한 정신의 실타래를 풀 수 있을지도 모른다.

〈작품 1〉,
22세(여) 조현병 환자,
저자 소장

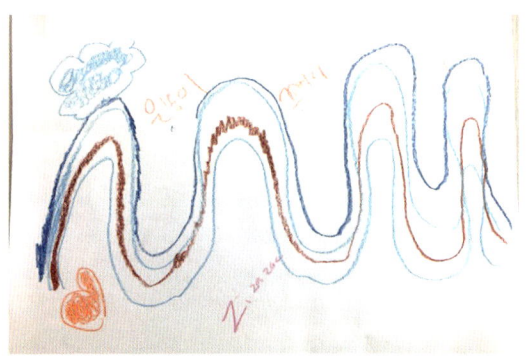

〈작품 2〉,
35세(남) 조현병 환자,
저자 소장

상처 입은 자아,
붓을 들다

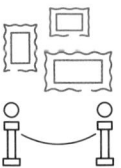

가장 널리 알려진 화가를 꼽으라면, 고흐와 피카소가 아닐까 싶다. 빈센트 반 고흐는 1853년 3월 30일 네덜란드 남부에서 목사의 아들로 태어났다. 1869년 첫 직장을 얻어 국제 미술 거래 회사의 헤이그 지점에서 일했다. 그는 직업에 따라 런던과 파리로 옮겨 다녔지만, 일에는 그다지 관심이 없었기에 1876년에 해고당했다. 영국에서 잠시 교사로 일했고, 기독교에 관심을 가져 벨기에 남부의 광산 지역에서 설교자가 되었지만 그마저도 지역 주민들과의 마찰로 해고당하고 만다. 아버지는 아들 고흐를 못마땅히 여겼고 방황하던 고흐는 27세 나이에 화가가 되기로 결심한 후, 돌아다니며 그림 그리는 법을 배우는 한편 남동생 테오Theo로부터 재정 지원을 받았다.

빈센트 반 고흐,
〈압생트가 있는 카페 테이블〉,
1887

현대 정신의학의 기준으로 볼 때 고흐의 인생을 뒤덮은 정신적 문제를 단일 장애로 설명할 수 없지만, 여러 가지 동반 장애를 겪었을 가능성이 크다는 점은 사실이다. 고흐는 20대부터 자주 정신적 문제를 호소했고, 사람들과 관계를 맺는 데 어려움을 겪었으며, 규칙적으로 조울증 증상을 보였다.

무엇보다 상당한 양의 술과 커피를 마신 것으로 알려진다.

특히 당시 유행했던 술 압생트가 문제시되었다. 미나리 냄새가 나는 초록빛을 띤 압생트는 알코올, 쑥, 물을 섞어 증류해 만든 저렴한 술이었다. 가난한 이들과 예술가, 작가들도 이 술에 의존한 것으로 전해진다. 와인의 에탄올 함량이 8~10%인 반면 압생트의 에탄올 함량은 50~70%나 되었으니, 얼마나 독한 술인지 짐작이 갈 것이다.

19세기 후반에 압생트가 확산되면서 사람들의 건강 문제도 늘어났다. 의사들은 중독, 경련, 환각 및 섬망과 같은 증상을 염려했는데, 단순 알코올 중독과는 별개의 증후군으로 여겨졌다. 1886년 이후 고흐의 압생트 중독은 더욱 심각해졌고, 간질 발병을 일으킨 직접적 원인이라고도 할 수 있겠다.

테오와 함께 파리에 머문 고흐는 폴 고갱Paul Gauguin을 포함한 유명 화가들을 만났고 인상주의로부터 강한 영향을 받았다. 하지만 갑작스러운 공포, 의식 상실, 발작을 겪으며 지칠 대로 지친 고흐는 남프랑스의 도시 아를로 거처를 옮겼다.

필자는 프랑스 남쪽의 엑상프로방스에서 프랑스어를 배우고 뚤롱 국립미술대학에 입학해 공부했는데, 지중해가 가까운 도시의 맑고 따뜻한 날씨, 비가 오고 난 뒤의 마당에 깔려 있던 달팽이들, 푸르렀던 하늘을 지금도 기억한다. 고흐가 지냈던 남프랑스의 아를 역시 아름다운 날씨로 유명하다.

고흐는 완고한 아버지로부터 끊임없이 무시당한 자신을 인

고흐가 지냈던 남프랑스의 도시 아를.

정받고 싶었던 강한 욕구를 무의식적으로 고갱에게 투사했고, 그를 좋아하고 존경했다. 파리에 있던 고갱과 고흐는 우정의 표시로 자화상을 교환했다. 1888년 10월 4일, 고갱의 자화상을 받자마자 고흐는 자신의 자화상을 보냈고, 캔버스 위에 'á mon ami Paul Gauguin(나의 친구 고갱에게)'이라고 적었다.

고흐는 고갱에게 아를에서 화가들의 협회를 만들자는 제안을 하기도 하고, 정식으로 초대한다는 편지를 여러 통 보냈다. 하지만 자존심 강한 고갱은 콧방귀만 뀔 뿐이었다. 이러한 사연을 알고 있던 테오는 고갱의 빚을 갚아주는 조건으로 고갱에게 형이 있는 도시로 가주길 부탁하기도 했다. 결국 고갱은 못 이

빈센트 반 고흐,
〈폴 고갱에게 바친 자화상〉,
1888

기는 척 아를로 이주하는데, 처음 며칠 동안은 순조롭게 잘 지냈지만 두 사람의 생활은 그야말로 치열한 다툼으로 점철된 '63일간의 위험한 동거'로 막을 내린다.

고갱은 고흐에게 보이는 것만 그리지 말고 상상력을 표현하라고 강요했는데, 고흐는 모든 그림은 자연으로부터 시작된다는 강한 철학을 갖고 있었다. 두 사람의 예술적 관점 사이에는 좁힐 수 없는 간극이 존재했던 것이다. 특히 고흐가 그린 두 개의 의자는 여러 관점으로 자주 분석된다.

매우 상징적인 두 그림은 고흐의 아버지에 대한 무의식적 감정이 그대로 드러나 있다. 〈파이프가 있는 빈센트의 의자〉는 1885년 10월에 제작되었는데, 그의 아버지가 돌아가신 지 얼마 지나지 않은 때였다.

고흐의 의자에는 명확한 상징적 흐름이 있다. 아버지가 늘 피우던 파이프를 의자 위에 올려놓았는데, 프로이트가 말한 거세 불안과 아버지에 대한 무의식적 공포와 사랑, 증오가 모두 섞인 매개체라 볼 수 있다.

마찬가지로 의자 그림에 대한 상징적 해석도 상당히 명확해 보인다. 고흐의 의자는 단순하고 소박하게 표현된 반면, 고갱의 의자는 훨씬 더 호사스럽고 화려하다. 주인이 자리를 비우고 없는 의자는 고갱에 대한 고흐의 인식을 나타낸다고 해석하는 게 무리는 아니다. 고흐는 가난하지만 근면하게 일하는 농민들과

빈센트 반 고흐,
〈파이프가 있는 빈센트의 의자〉,
1888

빈센트 반 고흐,
〈폴 고갱의 안락의자〉,
1888

자신을 비슷하다고 여겼고, 고급스럽고 화려한 의자의 주인인 고갱은 세속적이고 자기중심적이라고 여겼다.

　〈폴 고갱의 안락의자〉에는 고갱의 여성적 측면과 남성적 측면이 모두 표현되어 있는데 의자 앞쪽에는 불이 켜진 촛불이 똑바로 서 있고, 그 옆에는 두 권의 현대 소설이 놓여 있다. 그림 속 모티브가 신체 이미지를 나타낸다는 가설을 따르면, 의자의 곡선이 고갱의 남성성을 가리는 가면이고 고갱은 남근이 있는 여성이다. 남근이 없는 사람이 있다는 걸 관찰하고 자신에게도 똑같은 끔찍한 일이 일어날까 두려워하다가 절박하게 모든 사람이 남근을 갖고 있다고 믿게 되는 건 프로이트가 말한 오이디푸스 콤플렉스, 즉 어린 소년들의 흔한 환상이다.

이 개념을 한 단계 더 발전시키면 고갱은 사랑받고 미움받는 어머니일 수 있다. 정신분석에서 종종 발견되는 위험한 남근적 어머니로, 여성과 생식기에 대한 두려움이 강한 동성애적 성향을 낳는 남성들의 환상에서 발견된다. 정신분석가 앨버트 루빈Albert J. Lubin은 '고갱의 의자'라는 주제 안에서 고흐가 고갱을 미워하는 것과 고갱을 향해 품고 있던 잠재적인 동성애적 욕망을 모두 봤다.

흰 눈이 쌓인 크리스마스 전날, 큰 싸움이 벌어졌고 감정을 억누를 수 없었던 고흐는 면도칼을 들고 고갱을 공격했다. 하지만 뜻대로 되지 않자, 자기의 귓불을 잘라버리는 충격적인 사건을 일으킨다. 이 장면을 두 눈으로 목격한 고갱은 진절머리 치며 다신 고흐를 보지 않겠다는 말과 함께 그를 떠났고, 실제로 이후 둘은 한 번도 만나지 않았다고 한다. 고흐는 잘려 나간 귓불을 종이에 싸서 자주 들락거리던 매춘부에게 선물이라며 주는 엽기적 행각도 저질렀다. 상식적으로는 이해하기 어렵겠지만, 양극성 장애 환자에게선 종종 볼 수 있는 일이다.

귀에 붕대를 감고 허망한 눈빛으로 정면을 바라보는 자화상에서 고흐는 자기 귀에 스스로 입힌 부상의 여파를 그림으로 말

빈센트 반 고흐,
〈귀에 붕대를 감은 자화상〉,
1889

하는 것 같다. 그의 모습과 함께 캔버스가 놓인 이젤, 1870년대에 제작된 일본 판화 〈풍경 속의 게이샤〉가 고흐의 뒤로 보인다. 고흐가 쓰고 있는 털모자는 1889년 1월에 겪었던 힘든 작업 환경을 기억하게 한다. 그렇게 추운 겨울은 가고, 지속적인 신경 발작에 시달리던 고흐는 생레미에 있는 생폴 드 모솔 정신병원에 스스로 입원을 결정했다.

1890년 5월, 정신병원을 나온 후 고흐는 파리 북쪽에 있는 작은 마을 오베르 쉬르 우아즈에서 생애 마지막 몇 달을 보냈다. 고흐는 오베르에서 주변 환경을 열심히 기록했고, 하루에 평균 한 장의 그림을 그렸다.

하지만 형을 만나러 온 테오가 사업을 시작할 계획을 밝히고 잠시 자금이 부족할 거라고 설명한 이후 고흐의 우울증은 급격히 심각해졌다.

1890년 7월 27일, 그는 인근 밀밭으로 늘어가 총으로 자신의 가슴을 쐈고 간신히 방으로 돌아왔으나 상처는 제대로 치료되지 않았다. 테오에게 "슬픔은 영원히 지속될 것이다"라는 마지막 말을 남긴 채 짧은 생을 마감했다.

그가 사망하던 날 아침에 그린 〈나무뿌리〉는 공식적으로 고흐가 그린 마지막 그림으로 알려진다. 2020년, 반 고흐 미술관의 연구원들은 그림과 엽서 그리고 언덕의 현재 상태를 비교 연구한 결과 고흐가 마지막 작품을 그린 정확한 위치를 알아냈다. 나무뿌리는 인생의 투쟁을 표현한 것일 수 있으나, 안타깝게도 그림은 미완성으로 남아 있다.

우리는 고흐가 마지막 작품을 그린 바로 그 장소를 비로소 방문할 수 있다. 그가 생을 마무리하기로 결정한 날에 본 나무뿌리에서 여러 감정을 느낄 수 있다. 37년이라는 짧고 강렬한 인생 동안 고흐가 남긴 경이로운 작품들은 여전히 우리에게 많은 이야기를 전하고 있다.

빈센트 반 고흐,
〈나무뿌리〉,
1890

엽서 '도비니 거리'에서 반 고흐 미술관의 연구원들이 발견한 흔적, 1910년경

우울한 붓끝으로
세상을 그린 화가들

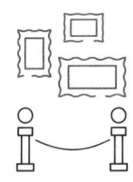

"나 오늘 좀 멜랑꼴리 한데?"라는 말을 들어보거나 직접 말해본 적이 있을 것이다. '멜랑꼴리'라는 말은 프랑스어 'melancolie'에서 파생된 단어로 우울하거나 슬프고 서러운 감정을 뜻한다. 우울증과 동의어로 쓰이기도 한다.

우울함은 살아가면서 때때로 느끼는 감정 중 하나인데, 증상은 복잡할 수 있으며 사람마다 크게 다르다. 우울증에 걸리면 슬프고 희망이 없으며 매사가 귀찮고 예전에 즐겼던 것에 더 이상 관심이 가지 않는다. 증상이 몇 주, 몇 달 동안 지속되며 직장, 사회생활, 가정생활에 지장을 줄 정도로 심각해질 때 '우울증'이라 진단할 수 있다.

슬픔과 우울증을 구별하기 어려울 수 있다. 두 가지 감정은 동일한 특성을 공유하지만, 중요한 차이점이 있다.

　가족이 세상을 떠났을 때, 키우던 반려동물이 죽었을 때, 막대한 재산상의 피해를 봤을 때, 기대하던 일이 이뤄지지 않았을 때 등 살아가면서 겪는 다양한 상실의 경험은 우리를 큰 슬픔과 좌절에 빠뜨릴 수 있다. 어떤 이유에서건 슬픔에 빠져 있다면 슬픔을 느끼는 건 정상이다. 슬픔은 상실에 대한 아주 자연스러운 반응이다.

　반면 우울증은 질병이다. 자살 생각, 정신질환 증상, 절망감이나 죄책감과 같은 감정은 일정 기간 슬프고 입맛이 없는 것과는 양태가 다르다. 상실로 슬픔을 겪는 사람들도 우울증 증상이 있을 수 있지만, 보통은 시간이 지나면서 호전된다. 드물게는 애도가 우울증으로 이어질 수 있다.

　미술사에서 우울증을 앓은 화가들은 매우 많다. 그들이 우울했기 때문에 그림을 그렸다기보다 그림을 그릴 수 있는 에너지로 우울감을 토해냈다고 보는 편이 더 맞을 것 같다.

　천상의 아름다움과 발레리나의 역동적인 묘사로 오랫동안 우리를 매료시킨 인상주의 화가 에드가 드가도 그 중 하나다. 그의 작품 뒤에 숨어 있는 고통, 슬픔, 집착에 관한 이야기를 소개한다.

에드가 드가,
〈해변 풍경〉,
1876~1877

에드가 드가

드가는 인상주의 화가로 알려졌지만, 언론이 만들어내고 대중화한 '인상파'라는 용어와 연관되는 걸 몹시 싫어했고 자신이 '사실주의자'라고 불리는 걸 선호했다고 한다. 변화하는 빛을 묘사하고자 주로 야외에서 그림을 그리던 인상파 화가들과 달리 드가는 야외에서 그림을 그리지 않았으며, 심지어 야외에서 그림을 그린다는 이유로 클로드 모네Claude Monet를 지속적으로 폄하하고 조롱했다.

후에 모네의 작품에서 영향을 받기도 했지만, 드가의 풍경화와 모네의 풍경화는 기법과 접근 방식이 달라 비교해볼 만하다. 어린 소녀와 하녀가 중심인 드가의 〈해변 풍경〉은 1877년 제3회 인상파 전시회에 전시되었는데, 놀랍게도 이 그림은 두 사람이 스튜디오에서 함께 포즈를 취한 것이다.

드가의 경우 작품의 배경을 다소 흐릿하게 남겨두고 인물의 표정과 자세를 섬세하게 묘사한 반면, 해변을 배경으로 한 두 여인을 그린 모네의 〈트루빌의 해변〉을 보면 디테일한 묘사보다 햇빛을 가리고자 양산을 쓴 여인의 얼굴에 드리워진 그림자와 드레스에 강조된 빛을 엿볼 수 있다.

드가는 어린 시절부터 진지하게 그림을 그렸다. 18세 때 집의 방 하나를 작업실로 꾸몄고 루브르 박물관에서 본 작품의 사본을 만들기도 했다. 하지만 아버지는 아들이 법대에 가길 원했고, 드가는 아버지의 뜻에 따라 1853년 파리대학교 법학부에 입학했지만 공부하는 데 별로 노력을 기울이지 않았다.

1855년 존경하던 화가 장 오귀스트 도미니크 앵그르Jean Auguste Dominique Ingres를 만났고, 그에게서 "선을 그리세요, 젊은이. 그리고 더 많은 선을 그리세요. 삶에서든 기억에서든 말이죠. 그러면 훌륭한 예술가가 될 것입니다."라는 조언을 가슴 깊이 받아들였다. 같은 해 4월 결국 법대를 그만두고 국립미술대학에 입학해 루이 라모트Louis Lamothe의 지도를 받으며

클로드 모네,
〈트루빌의 해변〉,
1870

그림을 배우기 시작했다.

1870년에 이르러 드가에게 불행의 그림자가 드리우기 시작했다. 프랑스-프로이센 전쟁이 발발하자 드가는 국민방위군에 입대했는데, 소총 훈련 중에 오른쪽 눈으로 표적을 볼 수 없다는 걸 깨달았다. 시력은 점점 더 악화되었고, 30대에 들어서자 양쪽 중앙 시력을 상실함과 동시에 광선 공포증을 앓는다. 그림을 그려야 하는 화가에게 시력을 잃어간다는 게 얼마나 공포스러울지 짐작조차 할 수 없을 것이다.

다만 심각한 시력의 문제가 있었다는 사실조차 눈치채지 못할 정도로 그의 그림과 조각들은 우리의 마음을 사로잡지만, 슬프게도 그의 성격까지 사랑하긴 힘들 것 같다.

드가는 "예술가는 혼자 살아야 하고 사생활은 알려지지 않아야 한다."라고 말했을 정도로 독신을 자처했고, 실제로 그의 일생에서 누군가와 사랑에 빠졌다는 기록은 없다.

이런 그에게 '인간 혐오증이 있는 늙은 구두쇠'라는 평판이 따르기도 했다. 더구나 파리에서 여론을 분열시킨 드레퓌스 사건*은 드가의 반유대주의를 더욱 심화시켰다. 1890년대 중반까지 그는 유대인 친구들과의 관계를 끊어버렸고, 유대인 예술가들과의 우정을 공개적으로 부인했으며, 유대인일 수 있다고 생각되는 사람을 모델로 쓰는 것조차 거부했다.

그는 개인적으로도 정치적으로도 매우 편협한 사고의 소유자였던 것이다. 또한 젊었을 때부터 문제가 되었던 시력은 57세에 이르러 더 이상 글을 읽을 수 없을 만큼 악화되었다. 이러한 신체적 장애는 의심할 여지 없이 그의 생애 후반을 우울증과 함께 은둔적 생활을 하게 했다.

1800년대 후반, 낭만주의 발레의 황금기는 가시투성이의 성적 정치와 권력의 불균형이 만연한 카바레로 쇠퇴했다. 가난한

★ 1890년대부터 장기간 프랑스를 이념적으로 갈라놓았던 정치적 스캔들.

에드가 드가,
〈무대 위의 무희〉,
1876~1877

집안 출신인 여성 무용수들은 가족을 부양하고자 어린 시절 발레 아카데미에 들어갔다. 부유한 남성들은 여성 무용수들을 쥐락펴락할 수 있는 권력을 가졌기에 그곳에서 그들은 오페라의 무자비한 매춘 문화에 휘말렸다.

드가의 편협하고 우울한 정신은 이러한 무대 뒤의 어두운 생태에 관심을 갖게 했고, 그의 유명한 작품 〈무대 위의 무희〉에서 분명하게 드러난다. 그림의 좌측에는 남성으로 보이는 인물이 검은 턱시도를 입은 채 몸을 반쯤 숨기고 무대 위에서 발레리나를 지켜보고 있다. 드가는 무용수의 아름다움뿐만 아니라 발레계의 상황을 냉소적으로 표현했다.

드가가 살던 시대의 발레 아카데미 훈련은 오늘날 우리가 흔히 상상하는 환상적인 이미지와는 거리가 멀었다. 무대 뒤에서 발레리나들은 힘든 연습 시간과 육체적 노력, 때로는 학대까지 견뎌내야 했다. 드가가 그린 발레리나들의 그림은 화려한 공연뿐만 아니라 리허설과 무대 뒤 숨겨진 세계를 엿볼 수 있게 해준다.

현대에도 그러하지만 무대 뒤에서 무용수들은 극한의 다이어트, 치열한 경쟁과 질투, 압박감을 가질 수밖에 없다. 드가는 발레계에 스며드는 생생한 감정과 긴장감을 포착해 무대 뒤에서 펼쳐지는 휴먼 드라마를 만든 셈이다.

〈르 펠르티에가 오페라 극장의 무용수 대기실〉은 드가가

에드가 드가,
〈르 펠르티에가 오페라 극작의 무용수 대기실〉,
1872

오페라의 발레 무용수들을 처음으로 다룬 작품인데, 그가 냉정하도록 객관적이었고 각 인물을 주의 깊게 연구했다는 점이 잘 드러나 있다.

　인물들을 먼저 스케치했고, 다른 인물들과 교묘하게 겹치도록 배치했으며, 전체적으로 미묘하면서도 다양하게 펼쳐지는 무용수들을 표현했다. 그녀들은 아직 움직일 준비가 되지 않았

에드가 드가,
〈푸른 무희들〉,
1899

지만, 드가는 준비 자세를 취하거나 바에서 연습하는 모습을 표현하는 걸 선호했다.

드가의 발레 그림은 젊은 무용수들이 완벽함을 달성하고자 견뎌야 했던 신체적 압박과 정신적 긴장을 드러내면서 어두운 현실을 표현했고, 그들에게 부과된 비현실적 신체 기준을 강조하기도 했다.

현재까지도 마르고 아름다운 체격을 유지해야 하는 발레리나의 강박관념은 제한적 다이어트, 과도한 운동 등 극단적 조치로 이어져 신체적, 정신적 건강을 해치는 경우가 많다. 드가는 작품을 통해 이러한 미의 기준이 가져올 위험한 결과를 강조하기도 했다.

앙리 드 툴루즈-로트렉

미술사에서 우울증은 종종 화가들을 압도하기도 했다. 로트렉은 유머러스한 방식으로 자기 혐오감을 표현한 것으로도 잘 알려져 있다.

그는 17세에 고등학교 졸업 시험에 낙제했고, 즉시 자신의 이름과 함께 '시험 낙제생'이라 적힌 명함을 주문하기도 했다. 우울증의 특징 중 하나인 낮은 자존감을 숨기는 그만의 방법이었을지도 모른다. 최근 들어 예능인들이 재미를 위해 자주 사용하는 방식인 '셀프 디스'는 말 그대로 자신의 허물이나 실수에 대해 직접 폭로하거나 비난하는 행위를 말하는데, 오래전 로트렉은 이미 타인이 그렇게 하기 전에 스스로를 비웃는 사람이었다는 사실이 서글프다.

로트렉의 그림으로 유명해진 프랑스의 캉캉 댄서 제인 아브

제인 아브릴.

릴Jane Avril은 극도로 마른 체형이었고, 노이로제 증상으로 추측되는 갑작스러운 신체 뒤틀림과 움직임을 보이는 여성이었다. 빈곤한 가정에서 태어나 알코올 중독자인 어머니로부터 학대를 받던 그녀는 10대에 집을 뛰쳐나와 정신병원에 입원하는 등 불행한 삶을 살았는데, 로트렉이 그린 그녀의 표정은 화가의 우울한 마음과 실제 모델이 겪고 있는 감정이 그대로 맞닿아 있는 듯하다.

로트렉이 이러한 방식으로 묘사한 인물화는 아브릴뿐만 아

앙리 드 툴루즈-로트렉,
〈제인 아브릴〉,
1892

앙리 드 툴루즈-로트렉,
〈제인 아브릴〉,
1892

니었다. 그의 700개 이상의 그림과 5천 개의 드로잉을 살펴보면 계속해서 소외, 우울, 권태로움의 이미지를 표현했다는 걸 알 수 있다.

1897년부터 로트렉은 여러 차례의 정신적 붕괴를 겪었고, 도움을 받고자 병원에 입원하기도 했다. 알코올 중독으로 신체적, 정신적 문제가 심각해졌는데, 죽기 전에 그린 그림을 보면 자신을 천천히 죽이는 듯한 우울증과 절망을 반영하는 것 같다.

앙리 드 툴루즈-로트렉,
〈화장하는 마담 푸풀〉,
1898

로트렉은 퇴원한 후 간병인으로 고용된 친구의 초상화인 〈비오 제독〉을 그렸다.

늘 감시와 간병을 받는 자신의 처지를 제독에 의해 조종당하는 배에 투사한 것으로 보인다. 폭풍우 치는 밤과 같은 검은 바다 위에 떠 있는 배는 위태롭기만 하다. 비오Viaud는 로트렉이 술을 끊도록 도우려 했지만, 로트렉은 결국 다시 술을 마시기 시작했다.

앙리 드 툴루즈-로트렉,
〈비오 제독〉,
1901

　병원에 입원했을 당시 의사들은 로트렉이 그림을 다시 그리기 시작한 걸 회복의 신호로 봤다고 한다. 프랑스의 전기 작가 앙리 페루쇼Henri Perruchot가 "예술이 없었다면 로트렉의 삶은 끔찍한 공허함으로 점철되었을 것"이라 말했듯, 로트렉은 평생 불균형한 신체의 콤플렉스로 인한 육체적, 정신적 고통의 심리 상태를 그림으로 표출했다. 하지만 그는 37세의 짧은 생을 마감했다.

쿠사마 야요이

쿠사마 야요이의 삶은 예술의 치유력에 대한 가슴 아픈 증거이자 예술로써 인간의 회복력을 보여주는 예시이기도 하다. 1929년 일본 나가노에서 태어난 쿠사마는 현재까지 생존해 있으며, 오늘날 전 세계적으로 가장 잘 알려진 일본 현대 예술가 중 한 명이다.

쿠사마의 웰빙에 필수 불가결한 요소는 그녀가 본 '이상하고 기괴한 것들'을 시각적으로 재현할 수 있는 능력이었다. 강박적이고 반복적인 예술 활동은 그녀가 환상을 통제하고 그러한 망상에서 자유롭게 해주는 유일한 길이었다.

쿠사마는 열 살 무렵부터 환각을 경험하기 시작했다. 어느 날 정원을 걷다가 보라색 꽃들이 서로에게 이상한 표정을 지으며 이야기하는 걸 봤고, 빨간 꽃무늬 식탁보를 바라보던 중 그게 점점 커지며 천장, 창문과 쿠사마의 몸을 뒤덮고 마침내 우주 전체를 삼키는 환영을 봤다.

어린 시절에 경험한 공포스러운 환각을 재현한 작품은 〈환상의 꽃〉으로 환상의 세계로 우리를 입장시키는 대문과도 같은 느낌이 든다.

「정신질환 진단 및 통계 편람」에 의하면 조현병의 대표적 증상은 망상, 환각, 환청이다. 쿠사마가 겪은 일련의 경험은 조현병의 전조 증상으로 볼 수 있다. 그녀는 어린 나이에도 불구하고 자신이 겪는 기이한 경험을 '점'으로 표현하면서 두려움을 달래기 시작했다.

쿠사마의 부모님은 엄격하고 보수적이었으며 불행한 결혼 생활을 했고, 남편의 외도를 의심한 어머니는 딸에게 아버지를 감시하라는 명령을 하기에 이르렀다. 충격적이게도 쿠사마는 아버지가 어머니 아닌 여성과 성관계하는 장면을 직접 목격했다. 이 사건은 그녀에게 남성과의 섹스에 대한 두려움을 갖게 한 정서적 학대나 다름없었다.

후에 그녀는 아버지의 난잡한 관계를 목격한 데서 비롯된 섹스에 대한 두려움과 혐오를 무수한 남근 모양으로 덮은 가구 조각으로 표출했다.

딸이 곱게 자라 부잣집에 시집가기만을 바란 무정한 어머니와 바람을 피우던 아버지 사이에서 쿠사마는 교토시립예술학교에 다녔다. 그러나 여러 회고록에서 밝혔듯, 그녀는 당시 일본의 미술 교육이 시대에 뒤떨어지고 지루하게만 느껴졌다.

일본 미술계에 한계를 느낀 쿠사마는 일본을 떠나고자 하는 욕망에 사로잡혔고, 1955년 그 유명한 미국 화가 조지아 오키프에게 편지를 썼다. 그녀의 격려 덕분에 쿠사마는 비로소 시애틀로 향하는 비행기에 올라탈 수 있었다.

몇 달간 시애틀에서 지낸 후 뉴욕으로 갔을 때 쿠사마는 겨우 27세였다. 당시 뉴욕은 파괴적이고 대안적인 예술 운동의 중심지였고, 쿠사마는 물 만난 물고기처럼 뉴욕의 예술계에 합류했다.

그녀는 센트럴 파크와 뉴욕 현대미술관 부지처럼 보도 가치가 있는 장소에서 평화를 증진하거나 예술계를 비판하려는 의도로 바디 페인팅을 연출하기도 했다.

그런데 이러한 이벤트 중 다수가 누드와 관련 있다는 사실이 일본에서 스캔들을 일으켰고, 쿠사마의 보수적인 가족에게 큰 수치심을 안겼다. 심지어 미국의 일부 언론조차 그녀가 과도한 '부여주기'에 빠져 있다고 비판하기도 했다.

언론에의 환멸과 우울증에 빠진 쿠사마는 일본으로 돌아갔지만, 가족이나 친구의 지원도 없었고 그림을 그릴 수도 없다는 현실에 절망해 자살을 시도했다.

다행히 쿠사마의 창작에 대한 욕망이 죽고 싶은 욕구보다 더 컸던 것 같다. 기적적으로 그녀는 미술치료를 병행하는 병원을 찾아 입원했고 안전한 환경에서 다시 창작 활동을 할 수 있었다.

병원에서의 첫 작품은 자연적 생명 주기의 이미지를 수용한 이례적으로 어두운 콜라주 시리즈였다. 쿠사마가 자신을 괴롭히는 정신적 악마에 맞서고자 도전하는 것처럼 보인다. 그녀는 환각과 강박을 다양한 분야의 예술적 산출물을 위한 에너지로 사용하며 암울한 시간을 견뎌냈다.

'쿠사마 야요이'라는 이름을 들으면 아마도 검정 물방울 모양의 무늬가 가득한 거대 호박을 가장 먼저 떠올릴 것이다. 일본 나오시마섬의 베네세 아트 사이트를 위해 특별히 제작된 노란색 호박은, 둥글고 유기적인 형태와 만화 같은 모습을 부여해 현대 문화에서 자연 세계가 얼마나 이상하게 보이는지 강조한 작품이다.

노란색의 커다란 호박은 정치적이고 공격적이던 쿠사마의 초기 작품들에서 삶 후반에 이르러 좀 더 키치한 예술로 변화했음을 보여준다.

이러한 변화는 엄격하고 군국주의적인 일본 문화가 '헬로 키티'의 귀여움에서 볼 수 있듯 우스꽝스럽고 다소 저속한 걸 완전히 수용하는 '카와이(귀여운) 문화'로 전환된 데 기인했다고 볼 수 있다. 또한 쿠사마는 호박 모티브를 자신의 또 다른 자아로 묘사해 그녀의 작업과 정체성이 본질적으로 얽혀 있음을 보여준다.

호박에 대한 집착은 그녀의 어린 시절에서 비롯되었는데, 초등학교 때 할아버지와 함께 씨앗을 수확하는 종묘장에 방문하면서 호박을 처음 봤다. 노란색 꽃이 만발한 덩굴 사이에서 그녀는 남자 머리만큼이나 큰 호박을 발견했고, 그걸 따려고 하자 호박이 그녀에게 활기차게 말을 걸기 시작했다. 매혹적인 호박에 매료된 어린 쿠사마는 그 경험을 평생의 동반자로 받아들였다.

쿠사마는 현재까지도 다양한 예술적 실천으로 자신의 정체성을 해체하고 자아를 해방하는 데 보내고 있다. 물방울 무늬 호박은 이러한 노력의 또 다른 표현인 것이다.

개념 예술에 기반을 둔 그녀는 페미니즘, 팝 아트, 추상 표현주의, 미니멀리즘, 초현실주의의 주제를 탐구하고 있다. 예술은 쿠사마에게 규범적 세상을 이해하기 위한 유일한 도구였고, 그녀가 사회에 성공적으로 동화될 수 있게 해준 생존 메커니즘인 셈이다.

필자는 종종 정신병을 앓았던 화가들의 인생과 그들의 작품을 소개하는 인문학 강의를 하는데, 당연하게도 쿠사마 야요이의 인생을 다룬다.

예술가이기 전에 한 여성으로서 어린 시절부터 남다른 고통을 겪으며 살아온 그녀의 삶과 독특한 작품들은 수강생들에게 여러 감정을 불러일으킨다.

강의가 끝난 후, 수강생들에게 오일 파스텔과 도화지를 나눠주고 "어떤 종류의 점이어도 좋으니 원이나 점을 이용해 자유롭게 표현해 봅시다"라며 그림을 그려보는 시간을 갖는데, 매번 수강생들의 창의적 표현과 통찰에 감탄하곤 한다.

〈작품 3〉의 아랫 부분에 있는 회색 테두리의 하얀 점들을

〈작품 3〉, 37세(여)   〈작품 4〉, 38세(여)

보자. 그린 이의 내성적이고 차가운 마음을 눈 알갱이처럼 표현했다. 파란 점을 따라 경계선을 넘어서면 타인에겐 밝고 명랑하게 보이려는 성격을 노란색 점으로 표현했다.

〈작품 4〉를 보면 많은 점 가운데 나비 모양이 눈에 띈다. 나비는 날개의 문양과 색깔이 다채롭고 예쁘기도 하지만, 자유롭게 훨훨 날아다니는 존재라는 점에서 그리고 싶었다고 했다. 나비는 쌍둥이 육아에 지쳐 있는 그녀가 투사한 대상이 되어 일상에서 잠시라도 자유롭고 싶은 욕구를 대변해주는 존재였는지 모른다.

〈작품 5〉를 그린 여성은 완벽주의 성향이 강해 계획한 대로 일이 진행되지 않으면 불편함을 느꼈으나, 최근에는 강박에서 벗어나고자 의식적으로 노력한다고 했다. 이 그림에서도 오일 파스텔의 색을 모두 골고루 써야 할 것 같은 은근한 강박을

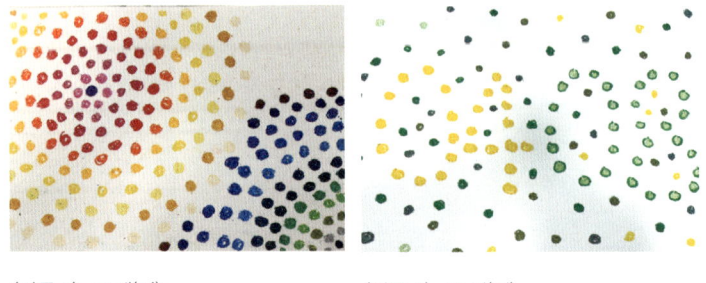

〈작품 5〉, 43세(여)　　　　〈작품 6〉, 50세(여)

느낄 수 있다. 연필로 그리면 쉬웠을 텐데 오일 파스텔로 그리려니 동그라미가 울퉁불퉁한 게 영 마음에 들지 않는다며 웃었다. 그림으로 스스로를 통찰하는 능력은 대단한 일이다.

〈작품 6〉은 이시하라 색각 검사표처럼 자세히 봐야 숫자를 발견할 수 있다. 이 그림을 그린 여성은 4월 8일이 생일이라며, 봄의 기운이 강한 4월에 태어난 자신을 축하하는 마음으로 그렸다고 했다. 노랑, 연두, 초록색을 주로 쓴 이유도 역시 봄기운이 충만한 계절을 표현하고 싶어서라고 했다. 참으로 기발한 아이디어다.

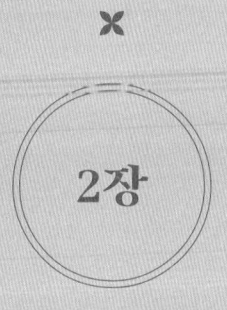

2장

내가 보는 나
: 자화상에 숨은 이야기

자화상을
그린다는 것은

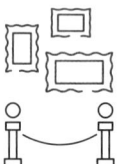

'한국갤럽'의 조사에 의하면 2024년 현재 우리나라 성인의 98%가 스마트폰을 사용하고 있다고 한다. 국민 대다수가 디지털카메라를 하나씩 소지하고 있다는 걸 의미한다.

특별한 장소가 아니더라도 여기저기에서 '셀카'를 찍는 사람들이 많아졌다. 식당에서 주문한 음식이 테이블에 올라올 때조차 종업원은 식사법을 설명하기도 전에 먼저 사진을 찍으실 거냐고 묻곤 한다.

그렇다면 스마트폰 안에 내 얼굴이 담긴 셀카는 몇 장이나 있을까? 20세기 후반 사진작가들의 전형적인 자화상 사진에서 나르시시즘의 표현은 회화에서 물려받은 해석 체계에 대한 강조가 커지며 자리를 잃어가는 반면, 나르시시즘과의 연관성은 셀카 문화와 함께 지속되고 있다.

　미술치료를 하다 보면, 본인의 얼굴을 그리는 걸 매우 쑥스러워하는 내담자를 만나곤 한다. 폰 카메라로 들여다보는 얼굴은 수없이 많이 봐왔겠지만, 막상 거울을 보고 자신을 그리는 것에는 익숙하지 않을뿐더러 자신의 이목구비를 자세히 들여다보고 있노라면 마뜩잖은 감정이 올라오는 걸 느낄 수 있기 때문이다.

　자화상을 그린다는 건 도화지 위에 외적인 부분을 그리는 것뿐으로 보이지만, 사실 시선을 내면으로 돌려 자신의 정체성, 감정, 경험을 매우 개인적인 방식으로 탐구하는 시간을 갖는 것이다.

　자화상 경험은 심리 치료와 밀접하게 연결되어 있다. 우리 자신이 작품의 주제이기에 거기에서 벗어날 수 없거니와 가장 취약한 상태다.

　그림과 함께하는 내면의 대화는 치료의 내면적 과정과 동일하며 자기 인식, 자기 의문, 판단, 사고, 수용이라 할 수 있을 것이다. 미술치료에서 자화상을 그린다는 건 의심할 여지 없이 내외부 에너지 사이의 관계에 존재하는 복잡한 투사 과정이다.

　필자는 자화상을 그리는 미술치료 세션에선 완벽한 유사성에 몰두하지 말고 오히려 추상적이길 권한다. 미술을 전공하지 않은 이에게 자신과 똑같이 그려야 한다는 부담감은 오히려 자화상이 가진 본질적 의미를 빗겨 갈 위험이 있기 때문이다.

또 다른 이유는 내담자가 자유롭게 색상, 선, 구도를 탐구할 수 있는 자유를 주기 위함이다. 개인의 경우 자연스럽게 느껴지는 순서로 초상화를 작업할 수 있고, 집단인 경우는 서로의 모습을 번갈아 그릴 수도 있을 것이다.

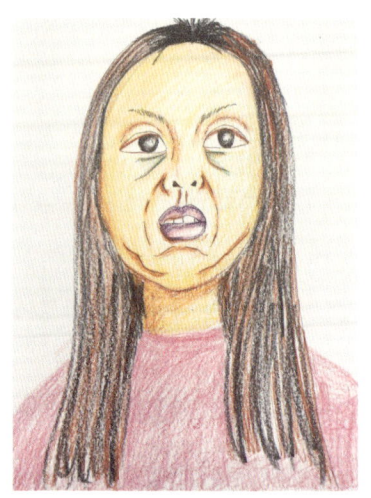

〈작품 7〉, 44세(여)

〈작품 7〉을 그린 여성의 직업은 메이크업 아티스트다. 그러나 나는 그녀가 화장한 모습을 한 번도 본 적이 없다. 그녀가 그린 자화상을 보면 조금씩 시작된 노화로 인한 눈 밑 지방이 만든 그림자, 팔자 주름, 턱의 주름이 드러난 한 여성이 정면 아닌 어딘가를 응시하고 있다.

대부분 자신이 가장 잘 나온 사진을 보고 그리기 마련인데, 오히려 그림 속 인물은 눈 앞에 있는 그녀보다 더 못한 모습이었다. 그 이유에 대해 그녀는 자신이 가장 못생겨 보이는 부분을 일부러 더 강조해 그리고 싶었다고 설명했다. 막상 그리고 나니 날것처럼 보이는 자신의 모습이 보기 싫다고도 했다. 하지만 그녀는 자신의 얼굴을 있는 그대로 보고, 받아들이고, 객관화하면서도 사랑하고자 했다.

대담한 자화상
이면의 이야기

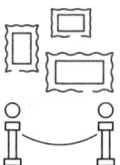

'자화상'이라는 단어는 라틴어 'protrahere'에 어원을 두고 있다. '끄집어내다' '밝히다'라는 뜻을 지니고 있으며 오늘날의 '초상화를 그린다'라는 뜻의 'portray(자화상)'이 된 것이다. 그러므로 'self-portray'는 자신을 끄집어내거나 밝힌다는 뜻으로 이해할 수 있다.

자화상이 르네상스 예술가들에 의해 미술 형식으로 받아들여지기까진 오랜 시간이 걸렸다. 자화상의 시작은 1484년에 13세였던 한 소년이 실버포인트로 자신을 스케치한 것이었다.

그 소년은 르네상스 화가 알브레히트 뒤러Albrecht Düre다. 1471년 독일 뉘른베르크에서 태어난 뒤러는 열한 살 때부터 금속세공을 하는 아버지 밑에서 일했다.

알브레히트 뒤러,
〈13세의 자화상〉,
1484

알브레히트 뒤러,
〈베개를 낀 자화상〉,
1491~1492

아버지는 아들에게 그림 그리기와 판화 기술을 가르쳤고 뒤러가 후에 예술가로서 경력을 펼치는 데 결정적으로 작용했다. 어린 시절 뒤러의 재능과 명성은 유명 출판사의 지원 덕분에 쉽고 빠르게 세상에 알려질 수 있었다.

뒤러는 어린 시절부터 자화상을 즐겨 그렸고, 그릴 때마다 이전보다 더 자신감이 생겼던 것 같다. 1484년 작〈13세의 자화상〉은 현존하는 뒤러의 작품 중 가장 오래된 드로잉이며 유럽 미술에서 가장 오래된 자화상으로 손꼽힌다.

알브레히트 뒤러,
〈26세의 자화상〉,
1498

또 다른 뒤러의 상징적 자화상은 유럽 드로잉의 걸작으로 손꼽힌다. 22세의 뒤러가 예술적 자의식을 깨달아가는 순간을 생생하게 담아냈다. 아마도 거울을 이용해 그렸을 것으로 추측되는데, 머리와 손은 1493년에 그린 자화상의 준비 스케치로 사용되었다. 뒤러의 자화상 연구는 당시로선 드물게 직설적으로 표현하고 있다.

정밀한 선의 표현력은 이 드로잉의 하단에 있는 베개 연구에서도 확인할 수 있는데, 종이의 뒷면에는 베개를 주제로 삼아 옷 주름 연구를 연상시키는 방식으로 빛이 주름에 미치는 영향을 탐구했다.

뒤러는 이 평범한 사물이 만들어내는 다양한 형태와 질감에 세심한 주의를 기울였고, 신의 창조물처럼 보일 정도로 세밀하고 정교한 그림을 그렸다.

무엇보다도 그를 사로잡았던 주제는 바로 자기 자신이었다. <26세의 자화상>은 뒤러가 이탈리아를 처음 방문한 후인 1498년 목판 위에 유화로 그렸다. 이 자화상에서 뒤러는 자신을 매우 유능한 사회적 지위를 가진 예술가로 격상시켰다.

그는 오만한 표정을 지으며, 능력의 절정에 이른 젊은 예술가의 확신에 찬 자신감을 드러낸다. 그의 존재감은 캔버스 꼭대기에 닿을 듯한 모자부터 아래쪽 팔까지의 공간을 지배한다.

현재 뮌헨의 알테 피나코테크에 걸려 있는 뒤러의 또 다른 강렬한 자화상을 보자. 이 그림은 여러 평론가가 인정하듯 역사상 가장 위대한 자화상이다. 이 강렬한 자화상은 지금도 여전히 권위와 존재감을 발산하고 있다.

미술사학자들은 이 자화상을 가장 개인적이고 상징적이며 복잡한 작품으로 본다. 전체적인 느낌이 그리스도에 대한 표현과 유사하기 때문에 주목할 만한 것으로 여겨지는데, 뒤러가 북유럽의 비천한 장인이 아니라 르네상스 예술가로 여겨지길 원

알브레히트 뒤러,
〈자화상〉,
1500

했던 표현 방식을 주목해야 할 것이다.

　화가가 마치 축복하는 것처럼 가슴 중앙으로 손을 들어 올리는 포즈를 취했다는 점이 종교적 그림과 유사하다. 정면을 바라보는 시선과 차가운 갈색 톤은 그리스도를 연상케 하지만, 뒤러는 신성 모독을 하려는 건 아니었다. 자신의 창조적 능력이 다름 아닌 신으로부터 왔다는 걸 보여주려고 한 것이다.

　이 자화상의 묘사는 너무 완벽해 숨이 막힐 지경이다. 대칭성과 정면을 향한 모습은 성스러운 아이콘의 모습과 접근 불가능성을 상징한다.

　피부는 밝고 뺨은 매끈하다. 부유한 시민처럼 통통하지도 않고, 영양실조에 걸린 사람처럼 꺼지지도 않았다. 이상적인 남자의 이미지다. 수염은 당시 새로운 매체인 유화 덕분에 꼼꼼하게 칠해졌다.

　기억해야 할 건 이 그림이 그려진 해가 1500년이라는 점이다. 평평한 거울이 발명되기 전이었으므로 뒤러는 볼록한 유리에 비친 자신의 모습을 보고 그렸을 것이다. 이리도 생생한 모습을 그리기 위해선 상당한 계산이 필요했다는 뜻이다. 모피 안감이 있는 코트는 귀족이나 학자에게 어울리는 옷차림이다. 그는 털을 골라내는 듯한 손으로 그림 실력을 과시하고 있다.

　당시 자화상은 새로운 영역이었다. 대부분의 예술가는 자화상에 자신의 이름조차 서명하지 않았고, 중세 시대와 르네상스 시대의 수십 년간 예술가는 묘사할 만한 가치가 거의 없다고 여겨졌다.

이 그림에서 르네상스 시대의 자아 개념이 시작되는데, 뒤러는 자화상에서 기술적 재능 이상의 것을 가진 사람으로서의 이미지를 불러일으켰다. 그림 속 화가는 책에서, 그리고 종교에서 부분적으로 더 인간적인 영감을 필요로 했다.

뒤러는 문자 그대로 자신을 재림으로 생각하진 않은 것 같다. 그는 종교개혁 이전의 다른 독일인들만큼 경건했다. 그는 자신의 손끝으로 내면을 가리키고, 신이 주신 선물인 예술의 위상을 호소했다.

우리의 눈에는 한 장의 그림이 주인공을 온전히 담아낼 수 있다는 사실이 자명해 보인다. 사진 속 포즈, 얼굴, 옷차림 등이 그 사람의 본질적 개성을 표현하는 것처럼 말이다. 모든 '셀카'가 기반하고 있는 신화다.

하지만 이미지가 진정한 자아를 표현할 수 있다는 전제, 나아가 개인이 유일무이한 존재라는 생각 자체는 당연한 게 아니다. 역사적 발전의 결과이며, 문화 속에서 발명된 개념이라 할 수 있다.

내 인생을
자화상에 새긴다

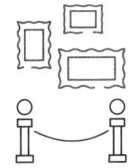

역사상 수많은 화가가 그려온 자의식의 발현과 자아 정체성의 발로(發露)인 자화상은 종종 예술가의 영혼을 들여다볼 수 있는 창으로 여겨진다. 나아가 그들의 심리적 상태에 대한 독특한 통찰력을 제공한다. 예술가들은 자화상으로 자신의 감정, 두려움, 욕망, 경험을 전달하고 다른 형태의 예술에선 볼 수 없는 성격의 측면을 드러내기도 한다.

자화상을 포함한 초상화는 미술사에서 뒤늦게 등장했다. 그리스 미술에선 초상화가 남아 있지 않았고, 파라오의 동상은 당시 큰 관심사가 아니었다.

17세기에 이르러 자화상은 렘브란트 하르먼손 판 레인 Rembrandt Harmenszoon van Rijn의 등장과 함께 라파엘로 산

치오Raffaello Sanzio, 티치아노 베첼리오Tiziano Vecellio, 그리고 뒤러에 의해 미학적으로 높은 수준에 도달했다.

미술사에서 가장 많은 자화상을 남긴 화가 중 한 명인 렘브란트는 100점에 가까운 자화상을 그렸으며, 우리에게 그의 삶을 엿볼 수 있는 계기를 마련해준다.

렘브란트가 태어난 1606년 네덜란드는 무역, 과학, 군사 예술 등으로 전 세계의 찬사를 받던 황금기였다. 미술가들은 종교화보다 일상의 삶에 집중하면서 다양한 장르의 작품을 쏟아냈다. 그렇게 회화의 꽃을 피웠다.

렘브란트는 열네 살에 레이던대학에 진학했지만, 중두에 화가의 뜻을 품고 그림을 그리기 시작해 레이던에서 중진 초상화가로 인정받기 시작했다. 초기 렘브란트의 그림 방식은 카라바조Caravaggio를 포함한 이탈리아 바로크 예술가들에게 큰 영향을 받았다. 이후 키아로스쿠로*와 같은 방법을 사용하면서 극적이고 감정적으로 더욱 강렬해졌다.

렘브란트 앞에 '빛의 화가'라는 수식어를 자연스럽게 붙이는 것도 이러한 명암의 대조 때문이다. 카라바조와 그의 추종자들은 가혹할 정도로 극적인 빛을 사용해 인물을 고립시키고 긴장감을 고조시킨 반면, 렘브란트는 에칭에서 심리적 효과의 방법

★ 빛과 그림자의 강한 대조.

비공식으로 남겨진 렘브란트의 자화상들.
1629, 1630, 1634

으로 키아로스쿠로를 사용했다.

렘브란트의 자화상은 세월이 흐르면서 변했고, 자신의 성격을 분석하는 통찰은 그의 인생 내내 존재한 것으로 보인다. 그럼에도 렘브란트가 왜 그렇게 많은 자화상을 그렸는지에 대한 논쟁은 계속되고 있다.

그 시대에는 예술에 관심 있는 수집가들이 화가의 뛰어난 기술을 소장하고자 지속적으로 초상화를 요구했기 때문에 렘브란트가 여러 기법을 연습하며 자화상을 제작한 것으로 보는 학자들도 많다. 특히 에른스트 반 데 베테링Ernst van de Wetering의 경우, 1800년 이전의 시대를 참작해볼 때 자화상이 자기성찰의 수단이었다는 학자들의 연구를 시대착오적 발상이라고 보

렘브란트 하르먼손 판 레인,
〈돌담에 기대어 선 자화상〉,
1639

기도 했다.

그러나 렘브란트의 인생에서 그가 겪은 삶의 고초를 되짚어 보면 자화상과의 연관성을 배제할 수는 없을 것이다. 1640년대 초, 특히 1642년부터 에칭으로 표현한 자화상의 숫자가 감소했다. 이 시기에 렘브란트는 첫 아이를 잃었고 어머니를 잃었으며 사랑하는 아내 사스키아까지 잃었다.

가족의 상실을 연달아 겪은 절망적 시기, 렘브란트의 심리적 변화는 자화상에 고스란히 담겨 있다. 그에게 위기의 시간이

렘브란트 하르먼손 판 레인,
〈창가의 자화상〉,
1648

닥치기 전과 후의 자화상을 비교해보자.

　1639년 작 〈돌담에 기대어 선 자화상〉을 보면 렘브란트는 르네상스의 화려한 연극 의상을 입고, 자신감이 넘치다 못해 다소 오만함이 느껴지는 날카로운 시선으로 정면을 바라보고 있다. 반면 〈창가의 자화상〉의 렘브란트는 평상복을 입은 채 포즈를 취하지 않은, 나이 든 화가의 모습을 있는 그대로 보여주

렘브란트 히르먼손 핀 레인,
〈34세의 자화상〉,
1640

렘브란트 하르먼손 판 레인,
〈베레모와 옷깃을 세운 자화상〉,
1659

고 있다. 얼굴은 다소 펑퍼짐해졌고, 표정은 무거우며, 눈빛은 슬프기만 하다.

미술 작품을 창작한다는 건 애도와 상실에 대한 보상적 반응일 수 있으며, 이러한 과정은 미술치료의 메커니즘이다. 슬픔에 빠진 자신을 대상화함으로써 자아의 회복을 위한 렘브란트의 자기 수행 과정이었다는 것이다.

〈34세의 자화상〉을 보면, 1세기 이전의 이국적이고 역사적인 의상을 입고 낙천적이면서도 자신감 넘치는 자신을 묘사했

렘브란트 하르먼손 판 레인,
〈63세의 자화상〉,
1669

다. 하지만 많은 자산을 잃기도 하고 가족을 상실하면서 외로운 노년기를 보낼 때 그린 자화상을 보면, 의상보다 얼굴과 표정을 강조했다는 걸 느낄 수 있을 것이다. 나이에 따라 변하는 자신을 인지하며 부인하지 않는다는 걸 보여주려는 게 아닌가 싶다.

〈63세의 자화상〉은 렘브란트가 사망하던 1669년에 그린 세 점의 자화상 중 하나다. 그가 죽음에 다가서면서 그린 이 작품에서 비록 기쁨은 느낄 수 없지만, 절망을 느끼지도 않는다. 황폐함을 드러내지 않는, 많은 성찰을 보인다. 63세의 그는 쇠약하거나 지친 모습이 아닌, 짙은 붉은색 코트를 입고 두 손을 꽉 쥔 채 정면을 응시하고 있다.

그의 말년은 힘들었지만, 삶에서 가장 높은 아름다움은 그의 마음속에서 살아 있었다. 그렇게 캔버스에 더 우월하고 본질적인 투사가 생겨난 듯하다.

있는 그대로 그리는 사실주의

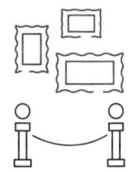

"나는 살아오면서 많은 자화상을 그렸다. 나의 태도가 점차 변하는 과정이라 할 수 있다. 어찌 보면, 나는 내 자서전을 쓴 셈이다. 당신의 익숙한 웃음 띤 가면 뒤에는 내면 깊숙이 자리한 슬픔, 괴로움, 그리고 마치 뱀파이어처럼 심장을 갉아 먹는 고통이 숨어 있다."

- 구스타브 쿠르베 -

구스타브 쿠르베Gustave Courbet는 1819년 프랑스 오르낭에서 부농의 아들로 태어났다. 그는 <두려움에 미친 남자>를 그리기 불과 몇 년 전인 1839년에 파리로 이사했고, 법률 공부를 시작했지만 이내 미술을 향한 열망을 발견하고 아버지에게 그림을 배우겠다고 선언한다.

아버지는 아들의 의견을 존중하면서, "우리 둘 중에 포기해야 하는 사람이 있다면 내가 아니라 바로 너다."라는 유명한 말을 남겼다.

법조인으로 가는 길을 포기하는 아들에 대한 적극적 지지를 의미하면서도 부모로서 너그러운 지지를 보인 이상적 태도다. 그뿐만 아니라 그는 아들의 미술 공부를 위해 경제적 지원도 마다하지 않았다.

재정적 걱정에서 벗어난 쿠르베는 예술에 전적으로 헌신할 수 있었고 디에고 벨라스케스Diego Velázquez, 주세페 데 리베라Jusepe de Ribera와 같은 17세기 스페인 화가들의 그림을 복제하며 기술을 연마했다.

스물다섯 살이었던 1844년, 여러 번의 시도 끝에 검은 개를 데리고 있는 자화상을 그린 쿠르베는 프랑스에서 매년 열리는 유일한 미술 공개 전시회인 '살롱'에 입선할 수 있었다. 그 후 몇 년 동안 살롱 심사위원단은 그의 파격적인 스타일과 대담한 주제 때문에 세 번이나 거부했지만, 그는 굴하지 않고 계속해서 작품을 제출했다.

당시의 자화상을 보면 자신만의 스타일을 추구하는 쿠르베의 감정을 반영하는 듯하다. 쿠르베는 젊은 시절 화가로서의 재능에 대한 의심과 자신감 부족으로 시달렸지만, 가족과 친구들

구스타브 쿠르베,
〈두려움에 미친 남자〉,
1843~1844

에게 보낸 여러 편지에선 자신이 극도로 야심적인 사람이라고 표현했다.

그의 전 생애 동안, 특히 경력 초기에 외적인 자기만족과 내적인 불확실성에 모호한 태도를 보였다는 걸 알 수 있다. 그런 면에서 <두려움에 미친 남자>는 당시 쿠르베의 감정 상태를 극단적으로 표현했다고 볼 수 있다.

하단 부분은 미완성으로 남아 있어 스케치처럼 보인다. 이 젊은 예술가는 절벽 끝에 있는 자신을 상상했는데, 심연으로 떨어지기 직전인 듯하다. 표정은 절망에 차 있고, 괴로운 마음 상태는 왼손이 고통스러운 몸짓으로 머리를 쥐어 뜯는 듯한 행동으로 강조되고 있다. 오른손은 자신을 지탱하고 싶어 하지만 잡을 걸 찾을 수 없는 것처럼 공허 속으로 뻗어 있어, 그 손을 잡아주고 싶어진다.

프랑스의 미술사학자 세골렌 르 멘Ségolène Le Men에 따르면, 쿠르베가 미술사에서 중요한 위치를 차지하는 이유는 선언적 회화*와 1850년대 사실주의 옹호, 전통적인 아카데미 장르 체계 해체에 기여했기 때문이다. 이러한 평가는 전반적으로 타당하다. 이 요소들은 서로 독립적인 게 아니라 깊이 연결되어 있다.

쿠르베가 실천한 사실주의는 경험적 현실을 정직하고 진실하게 재현하는 걸 의미했다. 그는 문학적이거나 종교적인 주제

구스타브 쿠르베,
〈절망적인 남자〉,
1843~1845

를 배제해야 했는데, 곧 미학적 전통을 버리는 걸 의미했다.

쿠르베는 자신이 추구하는 사실주의 이상이 실현되었다는 걸 사람들이 느끼길 원했다. 그러나 일련의 학자들은 쿠르베의 자화상이 그의 작품 세계와 조화를 이루지 못하고 지나친 자기

★ 예술가나 예술 운동의 의도, 동기 또는 견해를 공개적으로 선언하는 것.

애로 얼룩져 있다고 평가하기도 한다. 하여 쿠르베의 사실주의와 그의 자화상은 정확히 일치하지 않는 모순적 관계에 있다는 점에서 논쟁의 여지는 다소 있어 보인다.

하지만 "내가 젊은 시절 겪은 절망을 다른 이들에게도 겪게 해야 한단 말인가?"라는 쿠르베의 말을 되씹어볼 필요가 있다. 그의 자화상이 객관적이고 외부적인 현실을 기록하는 게 아니라, 주관적이고 내면적인 현실을 기록한다는 전제가 깔려 있는 것이다. 쿠르베의 목표는 자신의 좌절이 임박했다는 걸 성찰하는 순간의 강렬함을 공유하는 것이었다.

〈두려움에 미친 남자〉와 〈절망적인 남자〉는 쿠르베가 화가로서의 초창기에 겪었던 거절과 실패에 대한 감정 반응을 기록한 자화상이다. 그는 객관적 현실을 재현하는 과업에 충실했던 게 아니라, 자신의 주관적 자아와 인생의 어려운 순간에 겪은 정신적 상태를 표현하는 데 충실한 자기 치유적 자화상을 그린 게 아닐까.

죽음을 노래한
자화상

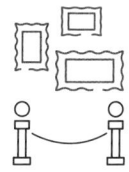

스위스 상징주의자이자 화가 아르놀트 뵈클린Arnold Böcklin 의 훌륭하고 신비로운 자화상을 살펴볼 것이다. 뵈클린의 자화상은 많은 예술가가 그랬듯 거울을 들여다보고 본 걸 그대로 캔버스에 옮겨 그리는 게 아닌, 끊임없는 죽음의 근접성에 사로잡힌 한 남자를 압축한 것이다.

뵈클린의 걸작 중 하나인 〈바이올린을 연주하는 죽음의 자화상〉은 그가 45세였던 1872년에 완성했다. 이 그림을 처음 보는 이라면, 화가의 얼굴이 아닌 그 뒤에 서서 섬뜩하게 웃고 있는 해골에 먼저 시선이 갈 것이다. 죽음을 상징하는 해골이 왜 화가의 뒤에 서 있는 걸까? 화가의 개인적 삶을 살펴보면 이해가 가지 않을까 싶다.

아르놀트 뵈클린,
〈바이올린을 연주하는 죽음의 자화상〉,
1872

　뵈클린은 인생 내내 '죽음'이라는 주제 근처를 맴돌았다. 이 탈리아인 아내 앙겔라와의 사이에서 낳은 열네 명의 자녀 중 다섯 명은 유아기에 사망했고, 세 명은 뵈클린보다 앞서 하늘나라로 갔다. 뿐만 아니라 그의 가족은 콜레라를 피해 두 번이나 피난에 가까운 이사를 감행해야만 했다. 그러니 죽음은 늘 뵈클린을 가까이에서 위협했을지 모른다.

어린 딸이 죽은 후 뵈클린은 죽음에 대한 강박관념을 키웠고 곧 죽음은 작품의 핵심이 되었지만, 〈바이올린을 연주하는 죽음의 자화상〉만큼은 분명하지 않다.

죽음을 두고 종교적 가치관은 조금씩 다를 것이다. 불교는 죽음이 업에 따라 과보를 받아 윤회하는 거라 하고, 기독교에선 죽음이 신과 영원히 함께하는 방법으로 여겨진다.

이 그림에서 뵈클린은 먼 곳을 응시하고 있는데, 해골이 그의 어깨 너머로 숨어 가장 낮은 G현만 있는 바이올린을 연주하고 있다. 그는 해골의 존재를 인식하고 있지만 그쪽을 보지 않는 듯하며, 오히려 시선은 캔버스가 아니라 심연을 응시하고 있는 것 같다.

뵈클린의 많은 작품에는 죽음의 존재 또는 메멘토 모리의 중요성이 담겨 있다. 메멘토 모리는 '당신은 반드시 죽을 것임을 기억하라'는 뜻의 라틴어 구절이다.

죽음을 기억한다는 건 고대 그리스-로마 철학의 스토아학파가 말한 개념이다. 스토아학파는 생각하고 행동하는 것만 통제할 수 있다고 주장하며 현명하고 도덕적으로 살아야 한다고 가르쳤다. 또한 그들은 영구한 건 없다는 걸 상기시키고자 죽음을 생각의 최전선에 두는 미덕을 가르쳤다.

그림 속 뵈클린의 표정은 그가 죽음의 존재를 감지했지만 두려워하지 않는다는 걸 보여주듯 침착하다. 그가 죽은 후에도 그의 창조물은 오래도록 존재할 거라는 사실을 알고 있기 때문이다.

아르놀트 뵈클린,
〈자화상〉,
1873

〈바이올린을 연주하는 죽음의 자화상〉은 낭만파 작곡가 구스타프 말러Gustav Mahler와 같은 음악가에게 영감을 줬는데, 그는 교향곡 제4번을 작곡하는 동안 뵈클린의 그림에 심취해 있었다고 한다.

이 그림은 뵈클린이 얼마나 창의적이었는지, 그리고 죽음에 대해 말할 때 얼마나 용감했는지 보여준다. 또한 예술과 철학이 함께할 수 있다는 걸 보여주기도 한다.

이듬해 탄생한 〈자화상〉을 보면 해골이 있는 〈바이올린을 연주하는 죽음의 자화상〉과 달리 두 개의 기둥과 월계수 나무 앞에 서 있는 화면의 주인공이 정면을 마주한다. 맑은 하늘에 새가 줄지어 날아가는 장면이 추가된 이 자화상은 뵈클린이 1873년 크리스마스에 부인에게 선물한 작품이다.

그는 죽음을 주제로 많은 작품을 남겼지만, 예술은 죽지 않고 살아남는다는 걸 우리에게 말해주고 있다.

고통스러운
나를 보라

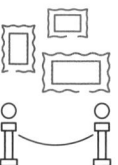

 무라카미 하루키는 소설 『해변의 카프카』에서 "행복은 오직 한 종류뿐이지만, 불행은 다양한 형태와 크기로 찾아온다."라고 했다. 여기 징그러울 정도로 불행했던 한 여인의 인생과 그녀가 그린 자화상들을 함께 살펴보고자 한다.
 한때 멕시코 500페소 지폐에 그녀의 얼굴이 인쇄된 적이 있을 정도로 멕시코에선 모르는 사람이 없는 유명 화가 프리다 칼로Frida Kahlo는 육체적, 정신적 고통을 그림으로 승화시킨 여성이었다.
 그녀는 여섯 살 때 소아마비에 걸려 장장 9개월 동안 침상에 누워 있어야 했기 때문에, 오른쪽 다리가 왼쪽에 비해 매우 가늘었다. 남아 있는 그녀의 사진을 보면 늘 바지나 긴 치마로 다리를 가리고 있는 걸 확인할 수 있다. 하지만 뒤이어 닥쳐올 불행에 비하면 소아마비는 아무것도 아니었다고 해도 과언이 아니다.

의사가 되고자 국립예비학교에서 열심히 공부하던 꽃다운 나이 18세에 당한 교통사고는 그녀에게 불행 아닌 재앙에 가까운 사건이었다.

칼로는 남자 친구와 함께 버스로 하교 중이었는데 그만 전차와 충돌하고 만 것이다. 현장에서 여러 사람이 사망하는 큰 사고였다. 칼로는 간신히 목숨을 건졌지만 살아 있다는 게 기적일 정도로 크게 다쳤다.

버스 내부의 쇠기둥이 복부와 자궁을 뚫고 나갔고, 오른발은 부서졌으며, 왼쪽 다리는 열한 군데나 골절되었고, 골반과 갈비뼈, 척추까지 부러졌다. 얼굴만 빼고 온몸이 다 망가진 것이다.

사고는 칼로의 인생 전반에 걸쳐 최악의 결과를 초래했다. 서른두 번의 외과 수술을 받았고, 석고와 가죽으로 만든 정형외과용 코르셋을 착용해야 했으며, 끊임없는 통증과 염증을 겪어야 했다. 결정적으로 아이를 가질 수 없게 되었다.

1년 가까이 침상에 있어야 했던 그녀에게 아버지는 누워서 그림을 그릴 수 있는 특수한 이젤을 만들어줬다. 칼로는 의사가 되고자 했던 꿈을 접고, 자연스럽게 화가의 길로 들어섰다.

1932년 프리다 칼로와 디에고 리베라.   1932년 당시 프리다 칼로.

'그림'이라는 치유적인 행위로 칼로는 신체적, 정신적 고통을 마주할 수 있는 발판을 찾은 셈이다. 하지만 교통사고는 그녀의 삶뿐만 아니라 그림에도 큰 영향을 끼쳤다. 사고로 인한 정신적, 육체적 고통이 강박관념처럼 작품의 주된 주제로 등장한 것이다. 칼로는 자신의 삶을 자화상이나 다른 작품의 소재로 삼으며 생을 향한 애착과 삶을 향한 강한 의지를 그림으로 표현하기 시작했다.

시간이 흘러 목발을 짚고 걸을 수 있게 되자마자 칼로는 그림을 들고 국립예비학교에 다니던 시절 만났던 유명 화가 디에고 리베라Diego Rivera를 찾아가는 적극성을 보이기도 했는데,

이 만남이 또 하나의 재앙을 몰고 오리라는 걸 그때는 몰랐을 것이다.

디에고 리베라는 멕시코 혁명 이후 멕시코의 역사와 미래를 벽화로 그리는 화가였다. 또한 추앙받는 혁명가이기도 했다. 그는 가난한 사람들의 투쟁을 향한 강력한 메시지를 대형 벽화에 담았다.

멕시코 정부는 리베라의 작품을 국가적 차원에서 중요한 예술로 선언하기도 했다. 리베라는 스물한 살이나 어린 당돌한 아가씨의 예술적 재능을 인정했고, 둘은 정치적 이념도 같아 급속도로 가까워졌다.

당시 멕시코는 정치적으로 매우 불안한 상태였다. 칼로는 공산주의 정치로 미국의 자본주의를 비판했고 억압받는 사람들을 옹호했다. 심지어 그녀는 1907년 7월 6일에 태어났지만, 어린 시절부터 자신의 생일이 1910년 7월 7일이라고 말하고 다녔을 정도였으니 말이다. 이 날은 다름 아닌 멕시코 혁명이 시작된 날이다.

칼로와 리베라는 공산당원으로서, 예술가로서 길을 같이 걸었고 결국 1929년 스물두 살의 칼로는 리베라의 세 번째 아내가 되었다.

결혼 생활은 잠시 행복했지만, 여성 편력이 강한 리베라의 반복적인 외도는 칼로에게 거듭 상처를 안겼다. 결정적으로 칼

프리다 칼로,
〈가시 목걸이와 벌새가 있는 자화상〉,
1940

로가 모른 척 넘어갈 수 없었던 남편의 충격적 외도는 상대가 다름 아닌 칼로의 여동생 크리스티나였다는 것이었다. 분노가 일지 않을 수 없는 사건이었다.

 이 사건으로 칼로는 리베라와 이혼하고 이어 〈가시 목걸이와 벌새가 있는 자화상〉을 그렸다.

멕시코의 민속 전통에서 행운을 상징하는 벌새, 욕정에 가득찬 리베라를 상징하는 검은 원숭이, 가시 목걸이가 그녀의 목을 졸라매고 있다. 그리고 가시 목걸이는 나무의 뿌리처럼 가슴을 따라 흘러내린다. 부활을 상징하는 나비는 사고 후 그녀의 삶에서 재탄생을 의미하는 것으로 보인다. 그림의 가운데에는 무표정하게 정면을 응시하는 칼로가 보인다. 이 성찰적인 자화상은 칼로가 겪은 고통스러운 시기를 증언해준다.

칼로는 자신을 묘사하면서 미의 기준을 적극적으로 재고한다. 햇볕에 그을린 구릿빛 피부, 짙다 못해 붙은 듯한 일자 눈썹과 수염 등 칼로의 특징은 의도적으로 강조된다.

그녀는 여성성과 양성성이라는 이중적 관계를 무의식적으로 작품에 표현했다.

평론가들은 칼로를 초현실주의자로 봤지만, 그녀는 스스로를 사실주의자라고 봤다. 칼로는 초현실이 아닌 가장 잘 아는 주제, 즉 자신과 슬픈 현실을 그렸기 때문이다. 칼로가 남긴 143점의 작품 중 무려 55점이 자화상이라는 점을 보면, 자신을 주제로 삼아 한 여성으로서의 복잡하고 고통스러운 면모를 표현하는 것에 몰두했다는 걸 알 수 있다.

두 번째 자화상은 남성처럼 검은 정장을 입고 머리를 짧게 자른 칼로가 손에 가위를 들고 의자에 앉아 있는 모습을 묘사한 〈짧은 머리의 자화상〉이다.

프리다 칼로,
〈짧은 머리의 자화상〉,
1940

　이 그림에서 칼로는 상처받은 여성적 자존심과 실패한 결혼 생활에 대한 자기 처벌을 드러낸다. 머리띠를 자르는 행위는 소녀 시절과 순수함의 거부를 상징하지만, 두 사람을 묶는 연결 끈(탯줄)을 끊는 것으로도 볼 수 있다.
　긴 머리카락은 전통적인 멕시칸 여성으로서의 정체성에서 핵심 요소였으며, 그것을 자르는 행위에서 그녀는 이전 정체성의 한 측면을 거부한다. 바닥에 흩어져 있는 많은 머리카락은 여성적 속성을 제거해버린 칼로의 심정을 보여준다.

그림 윗부분에 "보라! 내가 당신을 사랑했다면, 그것은 당신의 머리카락 때문이었을 것이오. 이제 당신은 머리카락이 없으니, 나는 당신을 더 이상 사랑하지 않소."라고 선언하는 노래의 멜로디와 가사를 써넣었는데, 칼로가 자신의 여성적 역할에 대한 비난과 거부를 확인하고 있는 것이다.

칼로는 기독교와 동물이 가진 상징주의를 하나의 주제로 사용한 그림을 많이 남겼는데, <상처 입은 사슴>이 그 중 하나다. 칼로는 사슴의 몸에 자신의 머리를 합쳐 표현했다.

사슴은 여러 개의 화살에 치명상을 입었고 배경에는 죽은 나무와 부러진 나뭇가지가 있는 숲이 있어, 공포와 절망의 감정을 암시한다. 멀리에서 폭풍우가 몰아치고 번개가 번쩍이는 하늘이 보이는데, 상처 입은 사슴은 어디로도 갈 곳이 없다.

1946년, 칼로는 뉴욕에서 척추 수술을 받았다. 그녀는 극심한 허리 통증에서 해방되길 바랐으나 불행히도 결과는 실패로 돌아갔다.

그녀는 정서적 고통을 더 잘 이해하고자 신체적 고통이라는 시각적 상징을 특징적으로 활용했다. 이러한 측면에서 <상처 입은 사슴>은 수술에 대한 실망감을 표현했다.

멕시코로 돌아온 이후, 칼로는 심한 우울증에 빠진 것으로 알려진다. 그림 속에서 칼로는 자신을 어린 사슴으로 묘사했고,

프리다 칼로,
〈상처 입은 사슴〉,
1946

사슴은 여러 화살에 찔려 피를 흘리고 있다. 치명적으로 많은 화살을 맞은 모습은 1480년 안드레아 만테냐Andrea Mantegna가 묘사한 〈성 세바스티안〉을 떠올리게 한다.

칼로의 자화상은 일종의 자서전이나 생애 서사를 구성하는 게 아니라, 그녀가 주연을 맡은 영화처럼 전개된다는 점이 특징

안드레아 만테나,
〈성 세바스티안〉,
1480

이다. 많은 자화상에서 그녀는 자신을 주연으로 내세우며 장면을 신중하게 구성하듯 프레임마다 '이미지화된 자아' 혹은 '이미지화된 몸'을 구축해 나갔다.

그렇게 그녀는 고통스럽지만 열정적인 자신의 세계를 들여다볼 수 있는 작은 창을 제공했다.

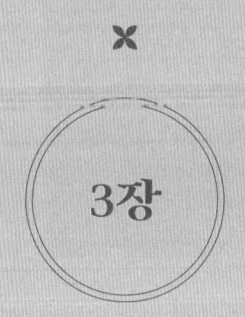

3장

당신 안의 여성과 남성

: 아니마와 아니무스

당신 안의
또 다른 자아

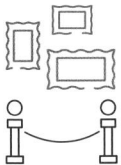

심리학에는 여러 분야가 있는데, 무의식의 존재를 인정하는 '심층심리학'이라는 분야가 있고 현재 드러난 문제와 자신의 왜곡된 생각의 불편함을 다루는 '인지 행동적 심리학'이 있다. 오랜 시간 내담자에 관한 경험과 스스로 내면의 갈등을 해결하고자 고군분투한 시간을 돌아볼 때, 무의식의 존재를 인정하지 않고는 본인도 이해할 수 없는 여러 불편한 감정을 해결하기 어렵다는 걸 깨달았다.

이를테면 입냄새가 날 때 좋은 치약과 칫솔질, 구강 청정제 등으로 해결할 수도 있겠으나, 그것으로도 해결되지 않을 땐 장기에 문제가 있거나 치아의 뿌리가 깊이 상했을 수 있다. 필자가 무의식의 이해를 돕고자 자주 쓰는 예시다.

지그문트 프로이트가 발견한 인간의 무의식에 대한 정신분석의 기본 개념이다.

프로이트는 당시 의사들을 고민에 빠트린 히스테리를 치료하는 과정에서 신체 증상 너머에 있는 무의식의 영향을 발견한다. 무의식은 억압된 생각과 이미지, 그리고 의식 속으로 결코 들어오지 못했던 원시적 욕망과 충동을 담고 있는 정신의 한 부분을 말한다.

19세기 이후 합리적 시대정신이 지배하고 있던 유럽에서 프로이트가 발견한 무의식의 존재는 '인간의 명료한 의식만 중요하게 생각하는 게 오류'라는 인식의 변화를 가져왔다.

현대 모든 정신의학자, 심리학자는 인간의 정신은 '내가 아는 세계'인 의식 영역과 '내가 갖고 있으되 모르는 세계'인 무의식 영역으로 이뤄져 있다는 사실을 정설로 간주한다.

20세기에 표현주의, 초현실주의를 시작으로 인간의 내면을 진지하게 탐구하고 내면 세계를 밖으로 표출하는 미술 사조들이 등장해, 개성적인 형태로 화가의 자아를 표현하는 방식이 전개되기 시작했다. 그러한 내면 탐구의 활동에서 프로이트의 '정신분석학'이야말로 핵심 사상이라고 할 수 있다.

역사적으로 한 획을 그은 프로이트가 '양자로 삼고 싶은 나의 큰아들'이라 칭할 정도로 애착하고 인정했던 사람이 있었다. 그는 스위스에서 온 젊은 정신과 의사 칼 구스타브 융Carl

지그문트 프로이트(1856~1939). 칼 구스타브 융(1875~1961).

Gustav Jung이었다. 그는 프로이트와 함께 연구하고 여행하고 강의하며 같은 자리에 있었지만, 무의식에 관한 견해 차이가 좁혀지지 않아 둘은 결국 결별하고 만다.

프로이트와 결별 이후 융은 어린 시절부터 경험한 강렬한 꿈과 환상 등 신비한 경험을 집중적으로 기록하고 연구하면서 신화의 역사, 연금술 등에 심리학적 의미를 부여했다. 그렇게 '분석심리학'이라는 새로운 심층심리학이 태어났다.

이것을 융은 우리 마음의 깊은 심혼(心魂)을 다루는 경험적 심리학이라고 불렀다. 심혼이란 인간이 경험하는 신의 형상이나 형이상학적 사고의 원형이다. 의학적 지식으로 설명할 수 없지만, 탐구 가능한 형태를 지닌 존재이기 때문에 경험 과학의 대상이 될 수 있다.

분석심리학의 핵심은 무의식을 개인 무의식과 집단 무의식으로 구분했다는 점이다. 개인 무의식은 각자가 억압시킨 감정 또는 잊힌 기억들로 이뤄진 반면, 집단 무의식은 인류가 공유하는 더 깊은 층이라고 보며 조상의 경험에서 물려받은 원형적이며 보편적 상징으로 이뤄진 패턴이 존재한다는 것이다.

분석심리학에서 다루는 여러 원형*(元型, Archetype) 가운데 '아니마/아니무스 이론'은 남성과 여성의 무의식 성향에 관한 것으로, 두 성별이 가진 의식의 차이에 밀접한 관계가 있다고 본다. 남성과 여성이 서로 다르다는, 지극히 상식적인 구별에서 출발한다. 다만 의식이 다른 만큼 무의식의 영향이 다르다.

조금 더 쉽게 설명하면, 인간은 오직 남성적이기만 하거나 오직 여성적이기만 한 게 아니라 각기 대조적인 내적 인격이 존재한다는 것이다. 여성적이라 해서 머리카락이 길고 연약하며 수줍음을 잘 타는 성격에 코스모스 같은 이미지를 상상하기 쉬운데, 그러한 외적인 면모만 뜻하는 건 아니다.

★ '복사본을 만드는 원래 패턴'을 의미하는 단어로 1540년대 처음 영어로 사용했다. 융의 분석심리학에서 말하는 원형은 인간이면 누구나의 정신에 존재하는 보편적이며 근원적인 핵이다. 태어날 때부터 부여된 인간의 선험적 조건을 의미한다.

클레오파트라의 대리석 조각상. 아테나, 기원전 4세기의 그리스 원본을 바탕으로 한 기원전 1세기의 로마 사본.

    융이 말한 아니마/아니무스의 상(像)이란 남성 무의식 속의 여성적 요소 '아니마'와 여성 무의식 속의 남성적 요소 '아니무스'를 뜻한다. 라틴어에서 아니마는 'soul'을 의미하고 아니무스는 'spirit'로 통하는데, 한국어로 따로 번역하기가 애매할 정도로 둘 다 '영혼'이라는 뜻을 가졌다.

    남성 속의 아니마는 네 가지 발전 단계를 갖는다.

    첫 단계는 이브의 상(像)으로, 아이를 낳고 젖을 먹이고 양육

하는 생물학적 여성상이다. 두 번째 단계는 파우스트의 헬렌이나 클레오파트라Cleopatra처럼 낭만적이고 미적 수준의 인격화로, 성적 특징을 지닌다. 세 번째 단계는 성모 마리아Maria에서 표현되는 영적 헌신의 형태다. 네 번째 단계는 가장 성스럽고 거룩하며 순수한 지혜인 사피엔티아로 표현되는데, 그리스의 지혜와 전쟁, 기술과 예술의 여신 아테나Athena가 좋은 예시다.

그렇다면 여성의 아니무스는 어떤 모습일까?

첫 번째는 육체적으로 발달 된 운동선수, 근육질과 같은 성적 형태다. 두 번째는 행동하는 남성상, 즉 전쟁 영웅의 이미지 속에서 발견되는 주도적이고 계획된 행동을 보이는 능력이다. 세 번째는 언어 능력이 뛰어난 교수나 목사와 같은 현자의 모습이다. 네 번째는 영적 진리로 이끌어가는 지혜로운 안내자 이미지다. 이 단계들은 순차적으로 이뤄지는 게 아니고 여성의 아니무스는 여러 형태로 꿈이나 환상 속에서 보여진다.

아니마는 일반적으로 감정적이고 포용하고 공감하며 섬세한 측면과 관련이 있고, 아니무스는 능동적이고 지적이며 탐구적인 성격과 관련이 있다.

아니마/아니무스의 개인적 측면은 자아가 외적 인격을 어느 정도로 동일시하고 있는가, 또는 얼마나 경직되어 있는가에 따라 다를 것이다.

아니마와 아니무스는 육체적 성별과 반대되는 개념이기 때

문 주,
〈왕관〉,
2022

문 주,
〈아니무스〉,
2022

문에 연인 관계에서 자주 나타난다. 공연히 상대방이 좋다고 느껴지거나 혹은 싫다고 느껴지는 감정 반응이 특정 이성에게 생겨날 때 긍정적이든 부정적이든 서로 각자 자신의 아니마/아니무스를 투사하고 있을 가능성이 높다.

문제는 투사가 약해지면서 현실 속에서 상대방을 다시 보는 순간 발생한다. 흔히 말하는 '콩깍지'가 벗겨지는 순간이라고 이해하면 좀 더 와닿을 것이다.

이 과정의 긍정적 측면은 아니마/아니무스 원형을 매개로 하여 자신의 무의식적 깊이와 접촉함으로써, 개인이 투사적 환상에서 벗어나 더욱 넓어진 의식의 스펙트럼과 함께 성장할 수 있다는 점이다. 물론 관계의 경험이 방어적이지 않고 긍정적이고 발전적일 때 과정은 훨씬 수월해진다.

필자는 고(故) 천경자 화백의 작품에서 영감을 받아 여성과 꽃을 주제로 여러 그림을 그렸다. 분명 여성을 그렸다고 생각했지만 그림을 본 사람들의 반응은 제각각 달랐다. 머리카락이 길 뿐 왕관을 쓴 남자라고 보는 이들도 많았다.

작품의 제목을 정하는 건 작가로서 상당히 고민되는 부분인데 이러한 상황에서 필자는 스스로 내면에 존재하는 아니무스의 존재감이 얼마나 큰지 성찰할 수 있었고, 결국 제목을 〈아니무스〉로 정했다.

꿈속에서 아니마/아니무스의 원형은 매력적이다. 우리를 미지의 세계로 초대하는 낯선 사람의 모습으로 나타난다. 이러한 원형적 이미지들은 갑작스럽고 강렬한 감동과 함께 축복받거나 깨우쳐지는 느낌을 동반한다. 마치 단테 알리기에리Dante Alighieri가 베아트리체를 처음 봤을 때처럼 말이다.

예술가들이 그림에서 자신의 아니마와 아니무스를 어떻게 표현했는지 감상하는 건 매력적인 일이 아닐 수 없다.

유혹인가 예술인가, 매혹적인 여성들

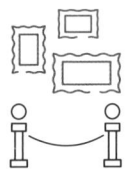

세기의 전환기에 오스트리아 수도 빈은 구식 전통 질서와 20세기 모더니즘이 만난 곳이었다. 오스트리아-헝가리 제국 전역의 예술가들이 그곳의 미적인 삶, 카페와 극장에 매혹되었고 문학과 철학에서도 많은 변화가 일어났다. 프로이트가 정신 분석을 수행한 곳이기도 했기에, 빈은 또한 세계의 의료 중심지이기도 했다. 물론 프로이트가 놓친 부분도 있는데, 여성의 성에 대한 이론이 매우 제한적이었다는 점이다.

화가 구스타프 클림트Gustav Klimt는 심리학자 못지않게 여성의 성에 대해 놀라운 통찰력을 뽐냈다. 여성이 남성과 독립적인 성적 존재를 갖고 있다는 걸 인식했고, 성은 항상 그 자체로 존재하는 순수한 충동이 아니라 공격성과 융합될 수 있다는 걸

구스타프 클림트,
〈유디트와 홀로페르네스의 머리〉,
1901

이해했다. 서양 미술사에서 독보적이라 할 수 있는 1901년 작 〈유디트와 홀로페르네스의 머리〉에서 볼 수 있다.

유대교 외경에 나오는 이 이야기는 중세 시대에 특히 인기 있는 소재이기도 했다. 유디트라는 아름다운 유대인 과부가 직접 홀로페르네스를 죽여 백성을 구하기로 결심한다. 그녀는 그를 유혹하고자 가장 좋은 옷을 입는다. 홀로페르네스를 만취하게 한 후, 칼로 그의 목을 베어 이스라엘 백성에게 결정적 승리를 안겨준다. 이 에피소드는 여성의 미덕, 아름다움, 권력의 힘을 탐구하는 예술가들에게 많은 서사를 제공했다.

유디트를 묘사한 여러 작품은 주로 두 가지 범주로 나뉘는데, 첫 번째는 팜므 포르테*와 팜므 파탈**이다.

클림트가 묘사한 유디트를 보면, 살짝 들어 올린 머리는 자부심을 느끼게 하는 듯하고 얼굴은 나른하고 관능적이며 반항과 유혹 사이에 벌어진 입술이 보인다. 그림의 우측 아래를 보면, 거의 보이지 않는 홀로페르네스의 머리를 쓰다듬고 있다.

에로티시즘과 공격성을 융합한 이 그림은 팜므 파탈에 대한 전례 없는 현대적 묘사다. 클림트는 여성의 힘이 무섭다는 걸 보여주고, 참수를 통해 거세 불안에 대한 프로이트의 이론을 예

---

* 강하고 미덕이 있는 여성.
** 성적으로 위험한 여성.

고하는 듯하다.

클림트와 프로이트 사이에 개인적 접촉이 있었다는 증거는 없다. 그럼에도 확실한 건 클림트는 프로이트의 이론을 알고 있었으며, 무의식과 의식의 힘으로 작품에 녹여냈다는 걸 추측할 수 있다. 그도 그럴 것이, 클림트는 모호한 인물이었다. 그는 살아생전 이미 빈에서 가장 유명한 화가로 칭송받았지만, 유명해질수록 점점 더 수줍어했고 나이가 들수록 작업실로 숨어들었다. 그의 삶은 모순으로 가득 차 있었고, 그의 성격은 큰 양면성을 지니고 있었다.

클림트는 중산층 가정에서 태어나 빈 교외의 하층 사회에도 익숙했다. 동시에 그는 당대 가장 성공한 화가 중 한 명으로 성장하며 상류 사회, 산업, 금융계 인사들을 여성 초상화로 기념하는 작업을 했다. 이러한 사회적 배경에 따른 양면성은 클림트의 특징으로 남았다. 그의 작업실에는 초상화를 의뢰하는 부유한 산업가들의 아내들이 드나드는 한편 가난한 누드모델들이 드나들며 보수를 받고 포즈를 취했다.

남자는 여성성에 대한 공포가 압도적일 때 여성을 고귀한 여성과 저속한 여성으로 분리하는 경향이 있다. 여성을 경배하고 고상한 우정의 관계를 획득하는 것으로 나타나는 한편, 창녀 또는 사회적으로 열등한 신분의 여성들과만 성관계를 갖는 것으로 나타난다. 자아가 불완전하게 발달한 남성일수록 온전한

구스타프 클림트,
〈다나에〉,
1907

전체로서의 여성에 필적할 수 없다고 느끼는 것이다.

    클림트의 아니마는 그의 독신 생활을 지배했다. 그의 작품에 등장하는 요부와 같은 관능적 여성상은 저속한 여성에 투사되는 아니마의 표현이다. 남성의 머리를 자르는 팜므 파탈인 유디트가 사교계 여성인 아델레 블로흐-바우어Adele Bloch-Bauer를 모델로 그려졌다는 점은 클림트가 여성에 자신의 아니마를 투사했다는 사실을 보여준다.

아니마의 긍정적 기능은 잉태 혹은 사상의 부화이듯 창조력 있는 남성에겐 여성성이 중요한 역할을 한다. 〈다나에〉는 클림트의 황금기인 1907년에 제작한 작품으로, 유럽 전역에서 문자와 시각 예술을 아우르는 운동인 '상징주의'의 사례다.

다나에는 1900년대 초반 예술가들에게 인기 있는 소재였다. 그리스 신화에서 따온 이야기 다나에는 신성한 사랑과 구원의 원형적 상징으로 여겨졌기에 상징주의자들에게 매우 매력적이었다. 다나에의 아버지는 딸이 낳을 아들이 결국 자신을 죽일 거라는 예언을 듣고 황동 방에 가둬 그 예언을 좌절시키려 했지만, 제우스가 황금비로 나타나 결국 그녀를 임신시킨다는 이야기다. 또 문어, 뱀, 머리카락, 물고기 등은 클림트가 즐겨 사용하는 상징성인데, 유동적이고 변화무쌍한 '물'을 바탕으로 생명이 탄생하는 원초적 이미지를 전달한다.

클림트의 또 다른 그림 〈금붕어〉를 보면, 깊은 심연에서 벌거벗은 세 여인의 부유하는 모습이 표현되어 있다. 두 여인은 수줍게 등을 돌리고 있으나, 그 자체가 앞을 바라보는 여인 못지않게 유혹적이다.

이 작품은 본래 '비방하는 자들에게'라는 제목이었지만, 친구들의 조언에 따라 1903년 분리주의 전시회에 전시할 때 '금붕어'로 바꿨다. 제목을 바꿨는데도 언론은 격노했는데, 웃는 여

구스타프 클림트,
〈금붕어〉,
1901~1902

자가 부인할 수 없을 만큼 도발적으로 관람자를 향해 엉덩이를 돌리고 있는 걸 보면 놀랄 일이 아닐 것이다. 〈금붕어〉는 에로티시즘의 승리에 대한 확신을 보여준다. 심연을 떠도는 여인들은 관능적 힘으로 어떤 명철한 지성이라도 다 녹여버릴 태세다. 클림트의 미숙한 아니마의 표현은 많은 작품에서 다양한 여성으로 창조되었던 것이다.

클림트가 그린 남성 초상화는 거의 없다. 클림트가 여성을 찬양한다는 평가는 이런 측면에서 기초했다고 볼 수 있다.

달빛에 홀린 예술가들, 달의 상징성

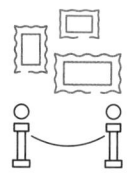

태곳적부터 달은 인류의 주요한 상징이었고, 태양계의 기원에서 지구 밖의 미래에 대한 약속에 이르기까지 많은 걸 대표했다. 일반적으로 달은 여성적 힘, 태모신(太母神)이며 자연물로서의 달의 변화 과정은 탄생, 성장, 절정, 쇠퇴 등을 상징한다.

융의 말을 빌리면 태양은 의식, 남성적 원리를 상징하고 달은 무의식, 여성적 원리를 상징한다. 태양과 달이 함께 그려진 건 성혼(聖婚)을 나타내기도 한다. 태양은 뜨겁고 불타고 강렬한 황금빛을 띠는 한편 달은 차갑고 차분한 은색을 띤다. 그리스-로마 신화에서 태양은 남성적-헬리오스, 즉 'Sol'이고 달은 여성적-셀레네, 즉 'Luna'로 묘사된다. 하여 아르테미스와 셀레네는 대표적인 달의 여신이다.

태양과 달 = 남성성과 여성성.

게르치노

그리스 신화를 보면 달의 여신 '셀레네'는 젊고 아름다운 청년 목동 '엔디미온'을 미치도록 사랑한다. 셀레네는 엔디미온을 너무 사랑한 나머지, 제우스에게 그가 영원한 젊음을 유지하고 영원한 잠을 잘 수 있도록 해달라고 요청한다. 그래야 그녀가 엔디미온에게 영원히 갈 수 있기 때문이었다. 하지만 셀레네는 엔디미온이 결국 인간이기에 언젠가는 자신을 떠날 수 있다는 생각에 괴로워했다.

게르치노,
〈엔디미온〉,
1647

여신의 마음을 빼앗은 청년은 얼마나 아름다웠던 걸까? 잠시 잘생긴 것으로 유명한 연예인들을 떠올려본다.

많은 화가들이 이 신화를 묘사했는데, 그 중 가장 아름다운 해석으로 꼽히는 작품은 게르치노Guercino가 1647년에 그린 〈엔디미온〉이다. 그는 전형적인 도상학에 따라 잠들어 있는 엔디미온을 묘사했고, 하늘에서 볼 수 있는 달이 마치 그를 지켜주듯 바라보고 있는 모습으로 그렸다.

이 작품에는 아주 흥미로운 세부 사항이 하나 있다. 젊은 남자의 무릎 위에 망원경이 놓여 있는데, 갈릴레오식 망원경의 모양과 크기다.

카로파노Carofano의 해석에 따르면, 이 작품은 메디치 가문의 의뢰로 제작되었을 가능성이 있고 교회로부터 검열받은 과학자의 명예를 회복하려는 시도의 일환일 수 있다고 한다. 흥미롭게도 신화의 고대 버전 중 일부에선 엔디미온이 천문학자였다고도 한다.

망원경이 등장한 의미가 무엇이든 간에 게르치노의 <엔디미온>은 당시 메디치 가문의 피렌체 분위기를 잘 보여준다. 갈릴레오 갈릴레이Galileo Galilei의 죽음 이후 그의 연구와 발견에 관한 관심이 강하게 이어졌기 때문이다.

잭슨 폴록

두 번째 작품은 잭슨 폴록Jackson Pollock의 1942년 작 <달의 여인>이다. 그의 이름을 들으면 캔버스에 물감을 조심스럽게 바르는 대신 마구 떨어뜨리거나 뿌려서 번지게 하는 '액션 페인팅'을 연상할 것이다.

잭슨 폴록,
〈달의 여인〉,
1942

    물론 그의 유명한 작품 대부분은 이러한 극단적 즉각성을 추구했지만, 1940년대 화가로서의 초기 시절에는 호안 미로Joan Miró와 파블로 피카소Pablo Picasso의 영향을 많이 받았다. 무의식을 예술의 근원으로 보는 초현실주의 화가들의 개념에 매료되었던 것이다. 그 증거가 되는 작품 중 하나가 바로 〈달의 여인〉이다.

    이 작품은 역동적인 붓놀림과 선명한 색채로 가득한 추상적,

상징적 요소의 융합을 보여준다. 한 여인이 지배하는 이 그림의 특징은 현대적인 변형을 가미한 원시 예술을 연상하게 한다. 알 수 없는 상형 문자는 내러티브 감각을 건드려 우리로 하여금 숨어 있는 의미를 풀어내도록 유혹한다. 인물의 자세와 표정은 변형되어 신비함을 암시하는 '달의 여인'이라는 제목에 적합한 듯하다.

폴록은 미국 와이오밍주 코디의 노동자 계층 가정에서 다섯 형제 중 막내로 태어나 불우한 어린 시절을 보냈다. 10대 때부터 술을 많이 마시기 시작해 알코올 중독은 남은 인생 내내 그를 괴롭혔다.

폴록의 아내는 훗날 남편이 어머니와의 관계가 힘들었다고 밝힌 바 있다. 심리학적으로 중독은 부적절한 애착 관계에 대한 보상 결핍 증후로 볼 수 있는데, 개인 내에서 실존적 무의미함이라는 배경을 마련한다.

소설『어린 왕자』에서 어린 왕자는 여러 별을 여행하다가 만난 술꾼에게 술을 왜 마시냐고 물었다. 술꾼은 "부끄러워서"라고 답한다. 다시 어린 왕자는 그에게 부끄러운 이유를 묻자, 술꾼은 술을 마시는 게 부끄럽다고 대답한다.

융은 중독자들에게서 중독에 대한 수치심과 비밀스러움으로 강요되는 강렬한 외로움을 감지했는데, 어린 시절과 청소년기에 경험한 고립감과 다르지 않다고 봤다. 폴록은 은둔적이고 변덕스러운 성격이었고, 늘 우울했으며 평생 알코올 중독과 싸웠다. 그는 융의 심리학을 바탕으로 한 분석도 받았으나, 결국 술을 마신 채 운전하다가 교통사고로 44세의 젊은 나이로 사망했다.

〈달의 여인〉 속 여인의 척추는 두꺼운 검은색 선이고, 얼굴은 정면과 측면을 결합해 자아의 두 가지 측면을 상징한다. 하나는 고요하고 공개적인 반면 다른 하나는 어둡고 내면적이다. 또한 색채에서도 빨강과 초록이라는 보색의 대비가 대극을 보여준다.

폴록이 샤를 보들레르Charles Baudelaire의 시 「달의 은혜」에서 '내 사랑하는, 저주받고 망쳐진 아이여. 나는 지금 네 발치에 누워 네 온몸에서 그 무시무시한 신성(神性), 모든 미치광이의 예언자이자, 독을 품은 유모였던 달의 반영을 찾고 있다.'라는 문구를 알고 있었을지 확실하진 않으나, 당시 보들레르와 상징주의에 대한 관심이 높았기에 달과 여성을 함께 화폭에 담지 않았나 싶다. 또한 그의 무의식적 아니마-어머니의 상이 달의 여인으로 이미지화되지 않았나 추측해 본다.

오스발도 리치니.

오스발도 리치니

다음 작품은 이탈리아의 추상화가 오스발도 리치니Osvaldo Licini의 그림이다. 그는 자신을 '방랑하는, 에로틱한, 이단적 예술가'라고 정의했다. 그는 유독 달과 강한 유대감을 느꼈는데, 달을 '아말라순타Amalasuntha'라 불렀다.

아말라순타는 6세기 이탈리아의 오스트로고트족 여왕으로, 지성과 진보적 통치로 유명했다. 그녀는 테오도리쿠스 대왕의 막내딸로, 정치적으로 민감한 환경에서 자랐고 고트어, 라틴어, 그리스어에 능통했다고 전해진다.

526년 아버지 테오도리쿠스 대왕 승하 후 어린 아들의 섭정

오스발도 리치니,
〈푸른 배경의 아말라순타〉,
1951

이 되었고, 왕국의 안정과 정의를 유지하고자 노력했다. 하지만 그녀의 통치는 귀족 내부의 반대와 여러 어려움에 부딪혔고, 결국 비극적 죽음으로 생을 마감했다.

1950년 5월 21일, 비평가 주세페 마르키오리Giuseppe Marchiori에게 보낸 편지에서 리치니는 "만약 어떤 호기심 많은 영혼이 미술평론가인 당신에게 이 신비로운 아말라순타가 누구인지 알고 싶어 찾아온다면, 의심의 여지 없이 미소 지으며 나를 대신해 아말라순타가 아름다운 달이고 영원한 은빛이 될 것이며 몇 마디로 의인화된, 약간 지친 모든 마음의 친구라고 대답해주십시오."라고 썼다.

리치니가 달을 왜 '아말라순타'라고 부르기로 했는지 확실한 이유는 알려지지 않았으나, 1958년 베니스 비엔날레의 한 인터뷰에서 "나는 아말라순타에게 매료되었다"라고 말한 바 있다. 당시 리치니는 초현실주의에 대한 개인적 해석에 심취한 듯하고, 동고트족 여왕의 강인함과 성모 마리아의 선함을 '달'이라는 매개체에 투사한 것으로 보인다.

달은 초현실적이고 고요한 명상의 대상이 되어 꿈과 같은 환상을 불러일으키기도 하며, 때때로 우리와 대화할 수 있는 사람의 형상으로 다가온다.

사랑과 증오 사이, 어머니의 원형

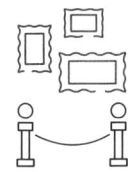

인간은 태어나서부터 일정 기간 타인의 도움과 안정이 필수적이며, 이러한 측면에서 어머니는 가장 중요한 존재다. 하여 어머니가 사랑의 주된 대상이 되는 건 당연하다.

그러나 어머니가 아이의 요구를 항상 충족시켜줄 수 없거니와 때로 좌절시키기도 하기에 미움의 대상이 되기도 한다. 이렇게 유아는 어머니에 대한 사랑과 미움이 교차하는 양가적 태도를 지닌다.

어머니로 대표되는 사랑의 대상을 실제로 또는 정서적으로 상실할 경우, 무의식적으로 사랑하는 대상으로부터 버림받았다는 생각으로 분노의 감정이 증폭되는 한편 자신의 나쁜 행동으로 대상을 잃었다는 죄책감을 느끼기도 한다.

남자에게 어머니가 부정적 영향을 주면 그의 아니마는 의기소침, 짜증스럽고 변덕스러운 기분, 신랄함, 불안, 민감성, 삶에 완전히 발붙이지 못하게 하는 극도의 조심성으로 표현되는 경우가 많다.

이런 아니마의 기분은 병에 대한 두려움, 무능의 원인이 되기도 한다. 아니마가 미분화 상태에 있으면, 그는 겉으론 이성적이지만 원시적 감정을 미숙하게 폭발시킨다. 평상시에는 이성적인 남성이 갑작스럽게 분노를 폭발하는 모습은 부정적 아니마에 사로잡혀 있다는 걸 의미한다.

연인이나 배우자가 이런 타입이라, 격하게 공감하는 여성분들도 있을 것이다. 그의 무의식에 깊이 자리 잡은 아니마를 이해하면 조금은 다른 시선으로 바라볼 수 있지 않을까 싶다.

구름, 모자, 파이프, 사과 등을 우리가 상상할 수 있는 것보다 더 신비롭게 그린 초현실주의 화가 르네 마그리트René Magritte의 그림을 한 번쯤은 접한 기억이 있을 것이다.

마그리트에겐 잊을 수 없는 상처를 주고 떠난 어머니가 있었다. 마그리트의 어린 시절에 대해선 알려진 바가 거의 없으나, 불과 열네 살 나이에 어머니가 자살한 현장을 목격했다는 이야기는 유명하다.

그의 어머니는 병적인 우울증에 시달리며 여러 번 자살 시도를 했는데, 그의 아버지는 그녀를 침실에 가두기도 했다. 그

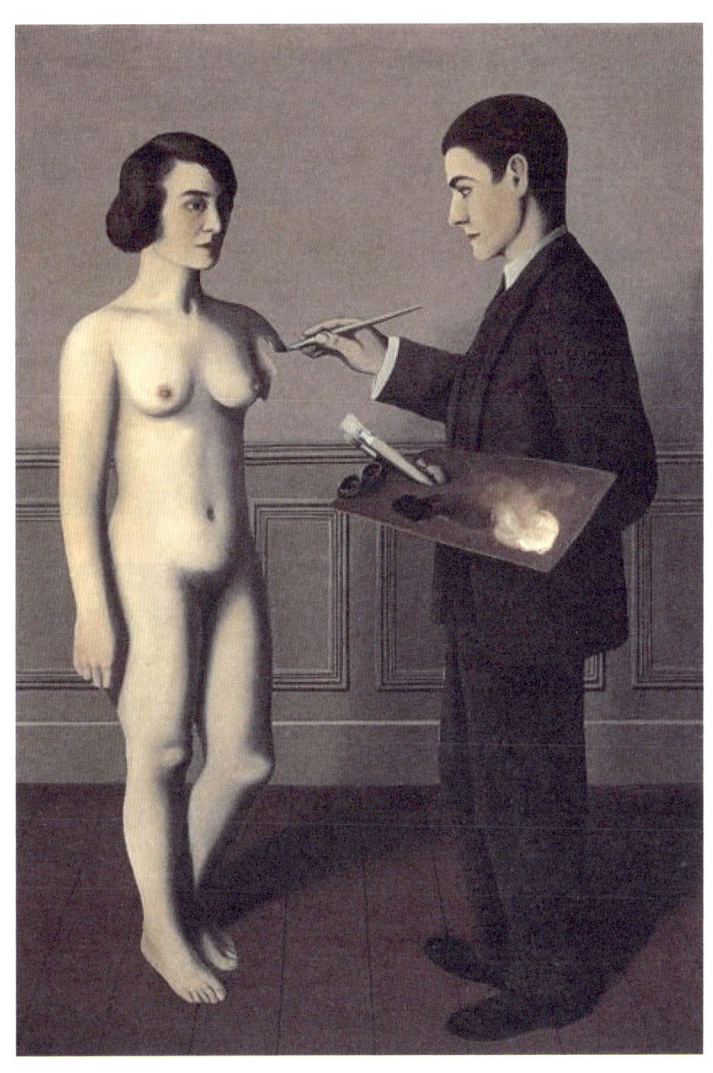

르네 마그리트,
〈불가능한 것에 대한 시도〉,
1928

녀는 나중에 집 근처 강에서 죽은 채로 발견되었고, 당시 드레스가 얼굴을 가리고 있었던 것으로 추정된다. 이 이미지는 마그리트가 그린 여러 작품(특히 〈연인〉과 같은)의 출처로 제시되기도 했다.

어머니의 자살을 목격한 소년의 충격은 한 사람의 인생을 점철하는 트라우마로 남았을 것이다.

어머니가 사망한 뒤 15세 때 마그리트는 배우자가 될 여인 조르제트 버거Georgette Berger를 만났고, 그녀는 평생 동안 마그리트의 독특한 모델이자 뮤즈로 남았다. 1928년 작 〈불가능한 것에 대한 시도〉에서 마그리트는 빌기벗은 여성을 허공에 그리는 모습을 보여준다.

그림의 오른쪽에는 마그리트로 보이는 화가가 서서 여인의 누드를 그리고 있다. 그런데 모순되게도 이젤과 캔버스도 없는 실내의 허공에다 그림을 그리고 있다. 그림을 바라보는 우리를 당혹스럽게 하는 한편 비현실적 공간으로 던져버린다.

당시 마그리트는 눈에 보이는 세부 사항으로만 사물을 그리기로 결심했다. 그는 사물을 비현실적 상황에 놓음으로써 현실 세계에 도전할 수 있었다.

역설과 대조는 마그리트의 작품에서 반복되는 모티브가 되었는데, 별개의 개념이 합쳐지고 혼합되어 각각의 특정 부분을 취해 새로운 개념을 만들어냈다. 또 하나의 역설과 대조는 〈강

르네 마그리트,
〈강간〉,
1934

간〉에서 더욱 적나라하게 드러난다.

   제목부터 의미심장한 이 작품은 '남성과 여성 신체의 결합'이라는 전혀 이질적 사물의 결합을 시도해 충격적 인상을 던진다. 이 작품을 멀리서 보면 목이 긴 여자의 얼굴로 보이지만, 여성의 신체를 표현한 것임을 금방 눈치챌 수 있다. 여체로 남성의 얼굴 모습을 나타냈고, 얼굴 전체의 남성적 모습을 여체가 수행하고 있다. 모순성이 엿보이는 것이다.

어머니의 자살로 '죽음'은 마그리트에게 부정적 아니마를 형성하는 계기가 되었다. 그러나 이 사건으로 인한 각인은 파괴적 아니마로서의 영향만 발휘한 게 아니라 화가로서 창조적 아니마의 영향을 받은 것으로 보인다.

예술 창작의 과정은 여성성을 띠고 있다. 창조적 영감은 마그리트의 내면을 품는 어머니의 역할을 한다. 그러기에 창의적 예술을 표현한다는 사실만으로 아니마의 영향을 직접적으로 받는 것으로 볼 수 있다.

마그리트는 〈강간〉으로 여성의 신체를 해체하고 이질적 소재와 결합하는 형태로 표현해 어머니에 내한 애성과 분노를 동시에 드러낸 것이다.

부정적 아니마를 의식화해 긍정적으로 통합을 추구하려는 시도가 아니었을까.

4장

색이 말하는 것들
: 색채 심리학

인류 최초의 색,
그 비밀

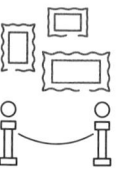

이느 날 아침 눈을 떴을 때 온 세상이 흑과 백으로만 이뤄져 있다면, 1920년대 영화처럼 색깔 없는 세상이 눈 앞에 펼쳐진다면 어떨까? 지루할 건 물론이고 막연한 두려움과 공포를 느낄지 모른다. 색은 인간에게 객체를 식별하고 추출하는 과정을 단순화하는 가장 강력한 설명자이기 때문이다. 인간은 수천 가지 색을 인식할 수 있지만 무채색은 스물네 가지 색조만 인식할 수 있다는 한계가 있다.

색이 감정을 결정한다는 사실은 루마니아의 심리학자 슈테파네스쿠 고안가Stefanescu Goanga, 스위스의 심리치료사 막스 뤼셔Max Lüscher 외에도 여러 학자가 실시한 색채심리학의 실험 연구로 증명되었다. 미술치료에선 색채를 상징적, 심리적 진단 및 치료로서의 적용 가능성으로 다루고 있는데, 이러한 가능성은 이론뿐만 아니라 임상적 근거들이 상당수 존재한다. 각각의 색이 주는 고유한 상징성은 인간이 오랜 시간 자연을 통해 체험한 원형에 뿌리를 두고 있기 때문이다.

수년간 색채심리를 강의하면서 수강생이나 청중을 향해 "무슨 색을 가장 좋아하세요?"라는 질문을 던졌을 때 자신 있게 "빨간색"이라고 답한 이를 본 적이 없다. 재밌는 현상이다. 아이들은 대부분 빨간색을 좋아하고, 상가가 밀집된 지역에 가면 어김없이 빨간 간판이 가장 많이 보이는데도 불구하고 말이다. 우리나라 성인에게 빨강은 부담스럽고 너무 강렬해 마냥 선호하기에는 불편한 색인 것 같다.

그렇지만 빨강은 가장 오래된 색이기도 하고, 무채색인 검정과 하양을 제외하고 이름을 붙인 최초의 색이기도 하다.

그 증거들은 유럽, 러시아 지역의 약 400개에 이르는 동굴 유적지에 남아 있다. 고고학, 역사학, 미술학, 미술치료학 등을 공부한 이라면 한 번 이상은 들여다봤을 들소의 그림이 있다. 염료가 무엇인지, 어디에 그렸는지보다 더 놀라운 건 이 멋진 그림들이 지금으로부터 무려 3만 5천 년 전에서 1만 1천 년 전인 구석기 시대에 그려졌다는 사실이다. 하여 미술을 전공하지 않은 사람이 이 그림을 처음 보면 "너무 잘 그렸다"라고 말할 게 분명하다.

붉은 들소를 그린 벽화, 스페인 칸타브리아 지방의 알타미라 동굴.

    이 그림들은 호모 사피엔스의 출현과 새로운 기술의 발명, 그림이나 조각을 통한 예술적 표현의 발전을 증명하는 중요한 자료로 유네스코 세계유산에 지정되어 있다.

    유럽 지역 외에도 최근 인도네시아 술라웨시섬에서 또 다른 동굴벽화가 발견되었는데, 동굴 벽에 그려진 돼지 그림은 적어도 4만 8천 년 전의 것으로 현존하는 동굴 벽화 중 가장 오래된 것으로 알려진다.

    〈네이처〉에 발표한 논문을 보면, 유럽에서 고대미술이 발견된 건 호모 사피엔스가 수만 년 전부터 예술을 이용해 이야기를 전달한 증거라고 설명한다. 호주 그리피스대학의 막심 오베르Maxime Aubert 교수는 "이 그림은 인간이 추상적 용어로 생각할 수 있는 능력이 있었다는 걸 보여준다."라고 했다.

인도네시아 술라웨시섬의 동굴 벽화.

이 벽화에서 볼 수 있는 사냥하는 사람과 멧돼지, 버팔로의 형상 말고도 색채를 살펴보면 선명한 빨간색으로 이뤄져 있다는 걸 한눈에 확인할 수 있다. 사람이 멧돼지를 사냥하는 장면에서 빨간색이 의식, 신화, 초자연적인 걸 서사적으로 전달하려고 했다는 걸 추측할 수 있다. 언어도 없던 시기에 인간에게 메시지를 전달하고자 하는 욕구가 있었다는 것, 그림에 색을 사용했다는 건 실로 경이로운 일이다.

고고학자 수잔 오코너Susan O'Connor는 동굴 벽화들이 호모 사피엔스가 존재했다는 걸 증명하며, 그들의 거주지와 이주 경로를 알 수 있는 중요한 증거라고 말했다.

진화적으로 인간은 무엇인가를 표현하고자 했으며, 언어보다 더 앞서 그림이 있었다는 사실은 미술치료의 효과성을 언급

할 때 가장 중요한 근간이라고 할 수 있다.

그렇다면 인류는 어떻게 빨간색을 만들어낼 수 있었을까?

인류의 사냥 장면을 떠올리며 동굴 벽화의 붉은색이 동물의 피라고 생각한 독자들이 많을 것 같다. 하지만 생각해보면 혈액은 시간이 지날수록 갈변할 뿐만 아니라 4천 년도 아닌 4만 년 이상 색을 유지한다는 게 애초에 불가능한 일이라는 것도 깨달을 것이다.

그들이 사용했던 재료는 '오커'라 불리는 붉은 황토인데, 산화 제1철과 점토, 모래가 혼합된 천연 점토 안료*(顔料)다. 색상은 노란색에서 진한 주황색, 빨간색, 갈색까지 다양하다.

선사 시대의 사람들이 숯이나 황토 같은 안료를 갈아내는 데 사용한 도구가 발견되었는데, 조개껍질을 석영암 위에 놓고 뒤집어 사용한 듯하다.

동굴 벽에 그림으로 표현한 건 4만 8천 년 전이지만, 아프리카에서 발견된 붉은 황토 사용에 대한 증거는 약 30만 년 전으로 추정된다. 대체로 호모 사피엔스의 출현과 일치한다. 빨강이 좋아서 '빨간색으로 벽화를 그려야겠다!'라는 의지가 있었다기보다 그들을 둘러싸고 있는 생태적 환경에서 붉은 황토가 비교

---

* 물체에 색을 입힐 수 있는 색소로 물에서 녹는 염료와 달리 물이나 기름, 알코올 등에 녹지 않는 성질이 있다.

오커의 세 가지 색.

적 구하기 쉬운 재료였을 테다.

그렇게 인류는 자연에서 얻을 수 있는 붉은 황토와 검은 숯 등으로 최초의 미술을 창조했다.

빨강의 역사

서양의 중세 시대까지 빨간색은 특권의 자리를 차지했다. 많은 문화권에서 빨강은 단순히 여러 색 중 하나가 아니라 사회적 목적으로 사용할 수 있는 유일한 색이었다. 스페인어로 '콜로라도'는 '색'이라는 뜻을 가짐과 동시에 '빨강'을 뜻하기도 한다. 그러니까 'color'라는 단어 자체가 곧 '빨강'을 의미한다. 빨간색의 위

엄이 어느 정도였는지 짐작할 만하다.

염색을 위해 처음 개발된 색인 빨강은 로마인에겐 전쟁에서 승리한 투사, 왕의 권력, 가톨릭 교회와 연관된 매우 귀한 색이었다.

로마뿐만 아니라 영국에선 군주들이 복장으로 사회적 지위를 정의하려고 했다. 헨리 8세는 사치에 관한 법률을 네 개나 통과시켰다. 비싼 의복, 특히 빨간색 옷은 매우 엄격하게 통제했는데, 일정 계급 이하의 영국인이 붉은 옷을 입으면 40실링의 벌금을 부과했다고 한다.

그럼에도 현대인은 왜 빨간색을 부담스러워하는 걸까?

영화 〈매트릭스〉를 보면, 모피어스가 파란색 알약과 빨간색 알약을 양쪽 손바닥에 놓고 주인공 네오에게 말하는 장면이 나온다. "이게 마지막 기회다. 다신 돌아갈 수 없어. 파란 알약을 먹으면 이야기가 끝난다. 깨어나서 너는 믿고 싶은 대로 믿게 돼. 빨간 알약을 먹으면 원더랜드에 남아 끝까지 갈 거다."라고 하며 네오에게 선택을 제안한다.

파란색 약을 먹으면 진실을 보지 못한 채 평범한 일상으로 돌아가고, 빨간색 약을 먹으면 고통스럽지만 진실의 세상을 볼 수 있다는 것이다.

답변을 생각하기 전에 두 가지 의문점을 가질 수 있다. '왜 알약인가?' '왜 진실은 빨간색인가?'

포르투갈의 국왕 조셉 1세.　　　　　영국의 국왕 헨리 8세.

　　영화에서 파랑은 행복하지만 무지한 상태에 머문다는 걸 암시한다. '약'이라는 게 무지는 병과 같다는 의미를 내포한다. 반대로 빨강은 비록 진실이지만 받아들이기 고통스럽다는 걸 경고한다. 하여 선택의 순간에 주인공은 갈등한다.

　　알약의 색이 반대라고 가정해보자. 또는 빨강 대신 초록이라고 가정해보자. 빨간색만 아니었다면 아마도 고민 없이 진실을 알 수 있는 쪽을 택했을지도 모른다.

심층심리학에서도 인간은 견딜 수 없는 불편함을 기억하지 못하도록 무의식에 저장한다고 전제한다. 그러니 파란색이 어려운 선택지에 놓일 리가 없는 것이다. 결국 불편한 건 빨강이다. 이 불편함에 대해 문화적 배경을 살펴봐야 할 것 같다.

선사 시대부터 중세에 이르기까지 고귀했던 빨강이 부정적인 의미로 변모하기 시작한 건 유럽의 역사를 뒤흔든 프랑스혁명부터다. 프랑스혁명 초기의 붉은 깃발은 극단적 혁명파 자코뱅에 의해 채택되었고, 대의를 위해 순교자로서 죽을 각오를 한 그들의 성명으로 제시되었다.

오늘날 테러의 어원이 된 공포 정치 기간 동안 붉은 깃발은 억압에 맞선 국민의 계엄령을 상징했다. 프랑스의 격변은 유럽 각국의 혁명 운동을 위한 신호 역할을 했으며, 빨간 깃발은 1800년대 유럽의 여러 국가에서 펄럭였다. 지금은 사라진 소련의 국기와 현재 중국의 국기에서도 알 수 있듯 빨강은 여전히 사회주의의 색이다.

빨강은 또한 피의 색으로서 매우 원초적이다. 이러한 원초적 감각은 심장, 사랑 등과 같이 가장 친밀한 감정을 나타내기도 하지만 정반대로 증오, 분노 등과 같은 감정을 나타내기도 한다. 이러한 상충적 감정은 오늘날 현대인에게도 적용되는 듯하다. 극단적 두 감정을 강렬하게 표현하는 빨강이 '당연하게도' 우리에겐 불편할 수밖에 없는 것이다.

〈작품 8〉, 39세(여)   〈작품 9〉, 42세(여)

　자신의 분노를 표현한 성인 두 명의 그림을 보면, 우리가 빨강에 대해 어떤 심상을 갖고 있는지 쉽게 이해할 수 있다. 누구도 분노를 표현할 때 빨간색을 쓰라고 가르침을 받은 적이 없다. 그럼에도 각종 스트레스와 타인에게 말할 수 없는 분노를 가슴속에 안고 있는 현대인에게 그 색은 쏟아져 나오는 마그마와 같은 빨강이다.

앙리 마티스.

빨강의 화가: 앙리 마티스

피카소가 입체주의로 현실에서 형태를 해방한 혁명을 일으켰다면, 앙리 마티스Henri Matisse는 현실에서 색을 해방한 혁명가였다. 자연에 대한 무한한 사랑을 가진 마티스의 가장 큰 특징은 풍부한 색채라고 할 수 있다. 미술치료사가 되기 전부터 마티스는 필자에게 범접할 수 없는 우상이었다.

마티스는 색채를 개념화하는 자신만의 방법에 대해 다음과 같이 이야기한 바 있다.

"나는 마침내 색상을 영감에 따라 조립되는 힘으로 생각하게 되었다. 색채는 관계에 따라 변형될 수 있다. 검정을 프러시안블루와 같은 차가운 색 옆에 놓으면 빨강이 되고, 주황처럼 매우 뜨거운 색채 옆에 놓으면 파랑이 된다. 빨강이 있으면 초록도 있어야 한다. 모든 색채는 함께 노래한다. 강도는 합창단의 필요에 따라 결정되며, 마치 음악적 화음과 같다."

그의 말을 이해하고 나서 작품을 감상하면 색채가 뿜어내는 멜로디에 더 가까이 갈 수 있다. 강도 높은 빨강과 파랑, 초록이 함께하는데도 불안하지 않은 그림은 〈춤〉이다.

마티스가 이 그림에 사용한 미적 선택은 1910년대 살롱에서 큰 스캔들을 일으켰다. 대담한 누드와 과감하게 칠한 색은 작품에 원시적 성격을 부여했는데, 다소 야만스럽게 보이기도 했다. 마티스는 이 흥청거림을 묘사하는 데 빨강, 파랑, 초록 세 가지 색만 사용했다. 이 생생한 색조는 강렬한 대비를 만든다.

강렬한 붓놀림은 모호한 인물을 만들고, 그림 속 인물들의 표정이나 성별은 명확하게 보이지 않으며, 사람들은 파랑과 초록 배경 위에 간단하게 윤곽으로만 그려졌다.

마티스는 조화를 이루고자 색상과 선 사이의 관계를 탐구했다. 그에게 색채는 고립되어 작용하도록 의도되지 않았다. 게다가 원근감을 조성하는 어떠한 조형물이나 풍경도 없다. 거대한

앙리 마티스,
〈춤〉,
1910

캔버스는 평면적 배경을 갖고 있으며 유일한 초점은 춤추는 인물뿐이다.

　마티스의 빨강을 느낄 수 있는 또 다른 작품이 있다. 〈붉은 스튜디오〉 역시 처음 공개되었을 때 관람자를 당혹스럽게 만들었다. 이 그림은 독특하고 모순적인 이미지로 후원자와 비평가들에게 도전을 받아왔다. '붉은 스튜디오'는 파리 외곽에 있는 마티스의 스튜디오인데, 그가 직접 디자인했다.

마네, 드가, 모네, 세잔 이래로 1820년대부터 화가들은 회화를 지배한 공간의 환상을 약화하고자 노력했는데, 공간적 환상이 회화의 완전성을 떨어뜨리는 결함으로 여겼기 때문이다. 하지만 아방가르드 초기 화가들이 보여줬듯, 그림에서 환상을 없

앙리 마티스,
〈붉은 스튜디오〉,
1911

애는 건 거의 불가능했다. 우리의 시각은 3차원 공간을 기대하도록 훈련되어 있고, 그림에서 그것을 찾으려 하기 때문이다.

　이 작품은 공간이 주는 환상의 파괴를 위한 마티스의 도전이라고 볼 수 있다. 그렇기에 가장 강렬하고 공격적인 색이 배경이 되어야 했고 그가 선택한 색은 빨강이었던 것이다.

　여기서 빨강은 깊은 우주의 환상에 저항할 만큼 강력하게 사물을 표면으로 밀어내려고 한다. 또한 평평한 캔버스에 그려지지만 시각적으로 머물지 않고 공중에서 떠다니듯 방의 벽과 가구가 된다. 마티스는 방안의 벽과 바닥을 모두 빨강으로 칠했고, 아주 얇은 하얀 선으로 사물을 묘사했다.

　빨간색은 부드럽게 진동하며, 마치 우주선 안에서 음악이 흐르듯 우리의 눈이 움직이는 모든 방향으로 에너지를 흐르게 한다.

지금,
우리가 가장 사랑하는 색

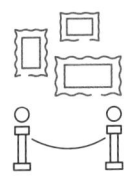

인류는 파랑을 참 좋아한다. 미국 캘리포니아에 소재한 한 디자인 회사에서 150개국 6,300명의 응답을 바탕으로 조사한 데이터에 따르면, 미국인을 포함한 유럽인이 가장 선호하는 색은 파랑이었다.

마케팅 분야에서 색채를 연구하는 로드아일랜드대학 라브레크Labrecque 교수의 대다수 논문에서도 피검자의 색상 선호도에서 1등의 자리는 늘 파랑이었다. 또한 1993년 크레용 제조사 크레욜라가 미국 어린이들이 가장 좋아하는 크레용 색을 조사했는데, 대부분의 어린이가 파랑을 선택했고 남색과 하늘색 역시 상위 10위 안에 들었다. 7년 후 같은 조사를 반복했는데, 전통적인 파랑이 또다시 1위를 차지했다.

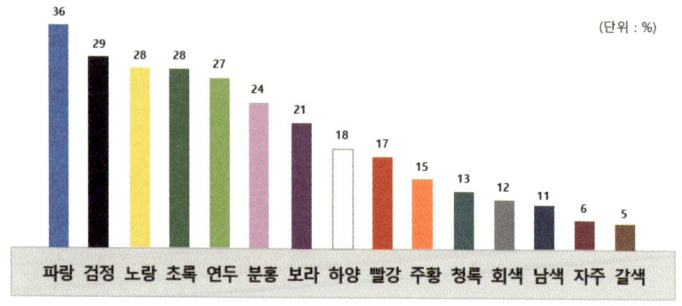

한국인의 색상 선호도.

그렇다면 한국인의 색상 선호도는 어떨까?

한국인 1천 명을 대상으로 여론조사를 한 결과를 찾아보면, 역시 가장 선호하는 색은 파랑이었다. 이외에도 색상 선호도를 조사한 데이터는 무수히 많은데, 한결같이 가장 많은 선택을 받은 색은 파랑이다.

그렇기에 루이즈 부르주아Louise Bourgeois, 이브 클라인 Yves Klein, 바실리 칸딘스키Wassily Kandinsky 등 유명 화가들이 파란색을 선호한다는 것 역시 놀라운 일은 아니다.

버클리대학 교수 팔머Stephen E. Palmer와 위스콘신-매디슨대학 부교수 슐로스Karen B. Schloss가 7년간 수행한 연구에 따르면, 주어진 색상에 대한 선호도는 그가 특정 색과 연관시키는 모든 사물을 얼마나 좋아하는지 평균해 결정할 수 있다고 한

페로 제도의 대서양.

다. 예를 들어, 초록색 선호도는 식물이나 미국 달러 지폐에 관한 생각에 따라 달라진다는 것이다.

이런 맥락에서 보면 부정적인 파란색을 생각하기란 쉽지 않다. 사람들은 어느 지역에서 거주하더라도 맑고 화창한 하늘과 깨끗한 물을 자주 경험한다. 이런 경험은 문화적 차이, 성별의 차이와 무관하게 우리에게 매우 긍정적 느낌을 준다.

다른 차원에서 파란색의 선호도를 추론해볼 수 있는데, 파랑은 여러 종교에서 신성시된다는 점이다. 기독교에서 파란색

시바, 비슈누, 브라흐마.　　　　　　　　　크리슈나.

은 천사, 천국, 성모 마리아의 옷처럼 성스러움과 관련 있다. 힌두교에서 최고 신성의 삼위일체인 트리무르티는 창조, 보존, 파괴의 우주적 기능을 의인화한 것이다. 그 중 비슈누는 파란 피부를 갖고 있다.

비슈누의 여덟 번째 아바타로 숭배되는 크리슈나는 보호, 연민, 사랑의 신이며 그 자체로 최고의 신으로 숭배된다. 크리슈나 역시 파란 피부를 갖고 있는데, 힌두교에서 파랑은 모든 걸 포괄하는 색이라고 보는 시각이 있다.

종교와는 별개지만 흥미로운 점으로, 멕시코와 미국 남서부에선 파란색 대문과 창문을 많이 볼 수 있다. 아메리카 원주민 문화, 기독교와 토착 종교 사이의 과도기에서 싹튼 일종의 미신

산 미구엘, 멕시코 과나후아토주.

으로 파란색이 악마와 나쁜 에너지가 집에 들어오는 걸 막는다고 믿었기 때문이다.

그런데 파랑이 이렇게 긍정적이고 고귀한 색이라면, 왜 기분이 우울할 때 'blue'라는 단어를 쓰는 걸까? 영화 〈인사이드 아웃 2〉에 새롭게 등장한 '슬픔이'는 파란색이고, 외모는 눈물방울 모양에 기반을 두고 있다.

'blue'를 영어 사전에서 찾아보면 당황할 수 있다. 아메리카니즘 사전에 따르면 파랑은 우울한, 심각한, 극단적인 걸 뜻한다. 코로나19로 전 세계가 몸살을 앓고 있었을 때 '코로나 블루'

라는 신조어가 생겼다. 코로나19와 우울감을 합친 단어로, 자가격리나 사회적 거리두기 등으로 일상생활에 큰 변화가 닥치면서 생긴 우울증을 뜻한다. 또 '블루스'라는 음악 장르는 1860년대 미국 남부의 아프리카계 미국인들 사이에서 시작된 음악 형태인데, 가사와 멜로디가 우울하고 슬프게 들려 붙여진 이름이다.

그렇다면 파랑이 우울함과 연관되기 시작한 건 언제부터일까? 유래를 밝히고자 많은 문헌을 조사해봤으나, 명확한 시작점을 찾긴 어려웠다. 다만 여러 문헌에서 언급하고 있는 이야기를 하나 소개해보면, 14세기로 거슬러 올라가야 한다.

영국의 시인이자 작가 제프리 초서Geoffrey Chaucer는 그의 서사시 「화성의 불만」에서 마르스와 여신 비너스 사이의 불륜에 관한 이야기를 묘사했다. 이 시에서 그는 'blewe'를 사용했는데 그 구절은 다음과 같다.

'Wyth teres blewe and with a wounded herte'이고 현대 영어로 'With tears of blue and with a wounded heart(파란 눈물과 상처받은 마음으로)'라고 번역할 수 있다. 시인에게 파랑은 눈물의 형용사로 가장 적절했던 것 같다. 초서의 시는 파랑을 슬픔과 연결한 최초의 문헌으로 알려져 있다.

이러한 문학적 묘사는 18세기 조지 콜먼George Colman의 희곡 『블루 데블스』에서 다시 발견된다. 이 작품은 1막으로 구성된 짧은 희곡으로, 도덕성이 의심스러운 여성과 사랑에 빠진 청년이 주인공으로 등장하고 그들의 행복을 방해하는 다양한 장애물에 관한 이야기를 담고 있다.

콜먼의 재치 있는 대사와 기발한 줄거리 전개로, 18세기 런던의 사회적 관습에 대한 유머와 통찰력을 알차게 보여주며 영국 연극의 고전으로 자리매김했다. 시간이 흘러 제목에서 '데블스'는 빠지고 '블루'만 남아 불안이나 우울 상태를 의미하게 되었다고도 전해진다.

파랑이라는 이름

유명한 시상식에서 수상자가 "감사하다는 말로는 부족하다"라고 말하는 걸 볼 때, 사랑하는 사람에게 "사랑해"라는 말보다 더 절실하고 애틋한 표현을 하고 싶을 때 언어의 한계를 느끼곤 한다. 놀랍게도 언어적 한계는 뇌에도 영향을 끼쳐 우리가 인지하고 있는 단어만큼 뇌가 인식한다. '아는 만큼 보인다'라는 말을 자주 듣곤 하는데, 뇌의 신경가소성*과 연결되어 있으며 놀랍게도 색채 지각에서도 여실히 드러난다.

과학자, 인류학자들은 과거에 파란색을 표현하는 단어가 존재하지 않았다는 사실을 발견했고 그리스나 로마인들이 푸른색을 알아보지 못하는 청색맹(靑色盲)이었다고 의심하기 시작했다. 고대 그리스 시인 호머Homer의 시에 이 가설을 뒷받침하는 증거가 있다. 기원전 8세기경 출생한 호머는 최초로『일리아드』와『오디세이』라는 서사시를 쓴 사람으로, 이 작품들은 지금까지 서양 문학에 지대한 영향을 미치고 있다.

1858년, 영국의 정치가이자 아마추어 고전학자인 윌리엄 글래드스톤William Gladstone은 호머가 쓴 서사시에서 놀라운 사실을 알아챘다.

"then Achilles, in tears, moved far away from his companions, and sat down on tne shore, and gazes out over the wine-dark sea." (아킬레스는 눈물을 흘리며 동료들로부터 멀리 떨어진 해안가에 앉아, 포도주처럼 어두운 바다를 바라봤다.)

바다를 묘사하는 방법이 수없이 많을텐데, 왜 하필 와인과 비교했을까? 엄밀히 말해 이해할 수 없는 표현이다. 이 문구가 사랑받아온 이래 학자들은 이 용어가 무엇을 의미하는지에 관

---

* 성장과 재조직으로 뇌가 스스로 신경 회로를 바꾸는 능력이다. 뇌의 놀라운 능력 중 하나로 학습, 기억, 뇌 손상의 회복, 노인의 뇌 건강 유지 등과 관련된 뇌신경학적 이론이다.

해 논쟁을 벌여왔다.

네덜란드에 서식하는
붉은 다리 허니크리퍼.

글래드스톤은 시가 쓰였을 당시 그리스어에는 검정, 하양, 빨강, 옅은 연두색을 나타내는 단어는 있었지만 다른 색은 생각조차 하지 못했다고 설명한다. 그러니 '파랗다' 혹은 '파랑'이라는 색을 묘사하는 단어는 전혀 없었다는 뜻이다. 그도 그럴 것이, 자연에서 파랑을 발견하는 건 쉽지 않다. 과학적으로 말하면, 하늘과 바다조차 파랗지 않다. 흙이 갈색이거나 잎이 초록인 것과 같은 방식으로는 그렇지 않다는 것이다.

인류는 파란색을 구현할 수 없어 이름조차 붙이지 못한 게 아니었을까? 동물의 1%, 식물의 5%, 과일의 8%만이 파란색을 가졌기 때문에 이 단어가 그다지 필요하지 않았을지도 모른다. 로마인들의 경우 끊임없이 전쟁을 치르던 게르만족의 파란 눈을 보고 미개인의 색, 이방인의 색으로 여긴 배경도 한몫할 수 있다.

파랑의 감정

많은 학자들이 문헌에서 색과 감정을 연결한 건 단어의 쓰임새에 관한 기원으로만 여겼을 뿐 쉽게 인정하지 않는다. 인간의 색채 감각을 뒷받침하는 생리학적 메커니즘은 1세기 동안 연구되었고, 과학자들은 색채 중에서도 서로 극적으로 다른 빨강과 파랑이 주는 영향에 의문을 갖기 시작했다.

2000년대 이전 연구들에서 빨강과 파랑의 인지 기능 향상에 관한 비교가 많았다면 최근에는 심장 박동수의 변화, 호르몬의 변화를 체크해 색채와 소명이 신체에 어떤 역할을 하는지 밝혀내기 시작했다.

파랑은 심장 박동수를 낮춰 안정을 느끼게 해주는 건 확실하나, 장시간 파랑에 노출될 경우 평온이 지나쳐 우울감으로 이어질 수 있다. 그럼에도 필자는 임상 현장에서 만난 내담자와 수강생들의 그림으로 파랑을 단순히 슬픔인가 평온인가로 구별하는 게 적절치 않다는 걸 깨달았다.

색이 갖고 있는 명도와 채도를 먼저 살펴보는 게 중요하며, 명도가 높은 색은 파랑이든 빨강이든 긍정적 표현의 방식임을 자주 본다.

〈작품 10〉은 색채심리 수업 중 수강생이 그린 아크릴화다. 그녀에게 파란색은 사파이어 같은 느낌을 주며 깊은 바다를 연

〈작품 10〉, 39세(여)   〈작품 11〉, 43세(여)

상케 한다고 했다. 또한 바다가 잔잔할 때는 아름답지만 성날 때는 무섭듯이, 양가적 느낌이 드는 색이라고 덧붙였다.

〈작품 11〉을 그린 수강생은 오래전부터 바다와 파란색을 좋아했다고 한다. 이 그림을 그리던 날 새벽기도를 다녀와 나른하고 졸린 상황에서 수업을 듣고 있었는데, 함께 감상한 음악도 좋았고 동시에 편안해지는 기분도 들어서 맑고 깊은 바다가 떠올랐다고 했다. 큰 붓으로 아쿠아 블루와 민트 블루를 섞어 가며 그림을 그렸는데, 부드러운 느낌이 그대로 표현되어 기분이 좋았다고 했다.

파랑의 화가: 파블로 피카소

너무나도 유명한 피카소지만 데뷔 때부터 스포트라이트를 받진 못했다. 피카소의 인생에서 '청색 시대'는 1901년 엄청난 사건으로 시작되었다. 스페인을 함께 여행하고 파리 유학도 같이 간 단짝 친구 카를로스 카사헤마스Carles Casagemas의 자살은 20세 청년이 감당하기 힘든 일이었을 것이다.

카사헤마스는 짝사랑하던 여인과의 관계가 뜻대로 되지 않아 우울증에 시달리고 있었다. 또한 둘은 파리의 사창가에도 함께 가곤 했는데, 자주 늘락거린 피카소와 달리 카사헤마스는 발기부전으로 고민이 많았고 그 때문에 우울증을 심각하게 앓았다고 전해진다.

1901년 2월 17일 그녀를 포함한 친구들 여럿이 모인 저녁 식사 자리에서 보란 듯이 총으로 자신의 관자놀이를 쐈다. 단짝 친구의 공개적이고 폭력적인 자살 소식을 접한 피카소는 깊은 슬픔에 잠겼고, 곧 자신이 가장 잘 아는 방식, 즉 물감으로 감정적 혼란과 불안을 풀어내기 시작했다.

카사헤마스가 자살한 뒤 얼마 되지 않아 완성한 작품 〈인생〉은 많은 논란을 불러일으켰다. 좌측의 남성이 카사헤마스로, 사실 피카소는 그 자리에 자신의 얼굴을 그렸으나 나중에 친구의 얼굴로 대체했다는 게 밝혀졌다.

파블로 피카소,
〈인생〉,
1903

파블로 피카소,
〈방문(두 자매)〉,
1902

    그림이 완성되기도 전에 친구는 자살했고, 친구의 이뤄지지 못한 사랑을 화폭에서나마 연결시켜준(심지어 성적으로도) 젊은 화가의 애도가 느껴진다.

    피카소의 청색 시대 그림들은 내용과 형식 모두에서 깊은 상실과 애도를 담고 있다. 간결한 선과 효율적인 구도를 갖춘 푸른색들은 보편적 고통의 불변성을 표현하듯, 그림에 시간이나 장소의 흔적이 없다.

    1901년 말, 피카소는 당시의 어두운 모습을 담은 자화상을 그렸다. 나이 들어 보이는 얼굴에 움푹 들어간 볼, 옷은 패치로 덧대어졌다. 세상을 향한 환멸을 느끼는 듯한 젊은 화가의 표정은 그때가 그의 괴팍한 성격이 싹트는 시점이라는 걸 말해주는 것 같다.

같은 해 피카소는 성병 전문의 루이 줄리앙Louis Julien을 만난다. 그를 통해 피카소는 생 라자르에 있는 여성 교도소 병원을 방문할 수 있었다.

피카소는 그곳에서 수감자들을 관찰하면서 사회적 비참함에 깊은 감정을 갖기 시작했고, 환자(대부분 매춘부)들을 미혼모나 마돈나로 변신시켰다. 당시 그의 작품 중 〈방문(두 자매)〉는 그가 신성화한 여성의 모습을 잘 보여준다.

빈곤과 고통이라는 주제는 종교적 도상으로 표현된 피카소의 청색 시대를 지배했고, 대부분의 작품에 프러시안 블루를 사용해 색채의 의미로 공감을 끌어냈다.

울트라마린, 인디고를 거쳐 상당히 고가였던 파란색의 염료는 18세기에 이르러 프러시안 블루가 명맥을 이어받았다. 잉크색과 같은 짙은 푸른색은 색감이 우수하고 쉽게 구할 수 있는 원자재에만 의존했기에 매우 저렴했다.

가난한 피카소에게 프러시안 블루는 쉽게 구할 수 있는 물감이었고, 깊고 어두운 톤을 가졌다는 점에서 카사헤마스를 대신할 수 있는 친구였던 것 같다.

라울 뒤피,
〈니스의 열린 창문〉,
1928

파랑의 화가: 라울 뒤피

피카소의 청색 시대와 정반대의 느낌으로 우리를 파랑의 세상으로 데려갈 프랑스 화가 라울 뒤피Raoul Dufy의 작품을 소개하고자 한다.

    2023년 한국에서 그의 전시회가 열렸다. 필자는 유학 시절

라울 뒤피,
〈니스-천사들의 만〉,
1927

잠시 접했던 뒤피의 그림들이 그리웠고 지중해의 바다도 그리웠기에, 마음껏 그 파란 물감을 뒤집어쓰고 싶은 욕구를 느끼며 전시회를 관람했다.

뒤피는 1877년 프랑스 르아브르에서 태어나 화가 수업을 받았다. 그는 도시 풍경을 그림과 판화로 묘사한 프랑스의 예술가이자 디자이너였고, 밝고 어두운 푸른 색조의 흐름을 만들어 그 위에 대담한 붓터치를 사용했다. 고향 주변의 해안을 그린 걸

라울 뒤피,
〈요트 레가타〉,
1934

생각하면 그리 놀랄 일이 아니지만, 그의 그림은 섬세하고 전통적인 스타일을 보여준다. 뒤피의 실험적인 색채 사용은 모네와 그의 야수파 동료 마티스로부터 영향을 받았다. 특히 파랑에 관해 그가 한 말이 유명하다.

"파란색은 모든 색조에서 고유한 개성을 유지하는 유일한 색이다. 가장 어두운 색부터 가장 밝은 색까지 다양한 색조의 파란색을 살펴봐도 여전히 파란색이다."

- 라울 뒤피 -

뒤피는 파리국립미술학교에서 수학했지만, 르아브르로 자주 돌아와 르아브르 미술관에서 인상주의 선구자격인 화가 외젠 부댕Eugène Boudin의 방대한 작품들을 감상했다. 그러며 부댕, 모네 등에게서 영향을 받아 해변 풍경을 주로 그렸다.

20세기 초 프랑스 미술 운동의 주류는 인상주의였기에 뒤피는 빛의 변화와 반짝이는 공기를 표현하는 데 집중했다. 하지만 그의 그림은 윤곽이 더욱 뚜렷하고 검은색을 자주 사용했다.

무엇보다 감동스러운 건 유머감각이 가득한 그의 자연스러운 터치다. 필자는 마티스나 뒤피와 같이 색채는 아름답고 터치는 자유스러운 그림을 좋아하는데, 언뜻 보면 대충 그린 것 같은 착각을 일으키지만 화가의 사상이 무애(無碍)하게 표현되어 있음을 존경할 뿐이다.

목숨과 맞바꾼
초록 드레스

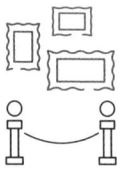

시중에 나와 있는 물감의 색은 매우 훌륭하다. 작가가 굳이 애쓰지 않아도 될 만큼 여러 색을 적절한 배합으로 섞은 다양한 컬러들이 출시되어 있다. 그래서 우리는 당연하게 골라 구매한다. 12색부터 72색에 이르기까지 세트로 나와 있는 색연필의 뚜껑을 열면 황홀하기까지 하다. 하지만 화학 염료들이 개발되기 전까지 이런 즐거움은 당연한 게 아니었다.

외출 전 옷장을 열어보면, 무채색 일색인 경우도 있겠지만 파스텔 계열도 있을 것이고 파란색 계열도 있을 것이며 분홍색 계열도 있을 것이다. 그런데 입고 싶어도 세상에 존재하지 않아 입을 수 없는 옷 색깔이 있다면 어떨까?

여성의 패션 욕구는 목숨과도 맞바꿀 만큼 강렬한 욕망인지도 모른다. 너무 아름다워 수많은 여성의 마음을 빼앗고 심지어 목숨까지도 빼앗은 색이 빅토리아 시대를 점령했는데, 바로 초록이었다.

살인마의 탄생

1775년 스웨덴 화학자 칼 빌헬름 셸레Carl Wilhelm Scheele가 선명하고 아름다운 초록색을 발견한 후 1세기 이상 초록색 열풍이 일었다. 19세기 중후반까지 셸레의 초록은 벽지, 장난감, 양초, 염색약, 드레스, 모자, 장갑, 양말 할 것 없이 거의 모든 제품을 뒤덮었다.

그러나 면역력이 약한 여성과 어린아이의 경우 피부가 녹거나 외출 중에 기절하는 등 많은 사람이 이 염료가 뿜어내는 독성으로 사망했다. 셸레가 만든 초록은 다양한 화합물로 구성되었는데 그 중 인체에 가장 치명적인 건 산화비소였다.

초록 염료 덕분에 조화 생산이 가능해지자, 당시 여성들은 조화 생산 공장에서 일자리를 얻기도 했다. 그러던 중 1861년 미국에서 마틸다 쉐어러Matilda Scheurer라는 열아홉 살 소녀가 갑작스럽게 사망한다.

그녀는 조화에 초록색 염료를 뿌리는 업무를 주로 했는데,

윌리엄 모리스가 셸레의 초록색으로 디자인한 벽지(1900).

비소에 대한 인식이 없던 시기였기에 맨손으로 작업한 것이었다. 앨리슨 매튜 데이빗Alison Matthews David이 쓴 책 『패션의 희생자』에 그녀의 죽음이 적나라하게 묘사되고 있다.

> She began vomiting 'green waters'. She convulsed; the whites of her eyes and fingernails turned green. She foamed from the mouth, nose and eyes and then, she died. (그녀는 '초록색 물'을 토하기 시작했다. 그리고 경련을 일으켰으며, 눈 흰자위와 손톱이 초록색으로 변했다. 입과 코, 눈에서 거품이 나오고 나서 그녀는 사망했다.)

셸레의 초록색 드레스, 1868

셸레는 애초에 자신이 개발한 색소가 유독하다는 걸 알고 있었다. 하지만 이 아름다운 색의 제조법을 전 세계 제조업체, 염색업자, 예술가에게 제공했을 때 돌아오는 수익성은 그에게 거부할 수 없는 것이었다.

셸레가 개발한 초록 염료가 가진 독성 때문에 빅토리아 시대가 저물어가던 19세기 후반부터 인기가 급락했다. 20세기 초 셸레의 초록 염료는 안료로선 폐기처분되었다. 하지만 1930년대까지 살충제로는 계속 사용되었다.

초록이 가진 양면성

인간은 초록색을 평화적이면서도 우리를 보호해주는 색으로 인식한다. 어떤 지역에 충분한 녹지가 있다면 물이 있다는 것이고 물이 있다는 건 식량이 있다는 가능성을 나타내기 때문에 초록은 원시적, 본능적으로 인간을 달래주는 색이기도 하다. 하지만 초록은 독성, 질투, 초보자라는 상징 또한 강력하다.

필자는 색채심리 강의를 할 때 수강생들에게 색채와 관련된 닉네임을 정해 종강하는 날까지 이름 대신 사용하도록 하는데, 초록은 인기가 많아 겹치는 일이 종종 있다. 그만큼 한국인에게 초록은 파랑에 버금가는 인기를 누린다.

자연을 동경하고 숲과 나무에서 평화와 안식의 느낌을 받는 사람이 그만큼 많다는 뜻이긴 하나, 서양에선 괴물이나 마녀의 피부색을 초록으로 묘사하는 경우가 많다. 〈오즈의 마법사〉의 사악한 서쪽 마녀 피부색이 초록이며, 귀엽게 생겼지만 사실상 괴물로 등장하는 슈렉 역시 초록색 피부를 가졌다.

초록이 이토록 극과 극의 상징성을 가졌기에, 초록색을 좋아하는 사람 역시 평화를 추구하면서도 타인의 눈을 의식하고 조용히 명예욕을 추구하는 양면적 성격을 가졌다고 한다.

초록색을 두고 칸딘스키는 "완전한 초록은 기쁨, 슬픔, 열정이 전혀 없는 가장 편안한 색이다. 지친 사람들에겐 이러한 휴식이 유익한 효과를 주지만, 시간이 지날수록 지루해진다."라고 말했다. 이렇듯 모든 색이 긍정적 에너지와 부정적 에너지를 동시에 품고 있다는 걸 인정하는 게 중요하다.

초록의 화가: 토마스 듀잉

토마스 듀잉Thomas Dewing은 한국에 널리 알려진 화가는 아니다. 19세기 중반의 위대한 인상파 화가들을 열거해보라고 했을 때 모네, 드가, 마네, 르누아르와 같은 화가들은 쉽게 떠올릴 수 있지만, 듀잉을 떠올리는 사람은 거의 없을 것이다.

듀잉은 1851년 미국 보스턴에서 태어났다. 어릴 때부터 현악기와 그림에 관심을 보인 그는 1876년 프랑스 파리로 떠나 아카데미 줄리앙에서 공부하며 화가 구스타브 불랑제Gustave Boulanger와 쥘 르페브르Jules Lefebvre의 지도를 받았다. 2년 후 미국으로 돌아와 뉴욕에 정착했다. 듀잉의 음악에 대한 관심은 화가로서의 삶 내내 지속되었다. 그의 그림 다수에 악기를 연주하거나 몽환적 자세의 여성들이 등장한다.

〈정원에서〉의 제한적인 초록색 계열의 톤으로 물에 번지듯 그린 스타일은 듀잉이 존경했던 제임스 맥닐 휘슬러James McNeill Whistler로부터 영감을 받은 것이다. 휘슬러가 토널리

토마스 듀잉,
〈정원에서〉,
1892~1894

즘의 아버지라면, 듀잉은 헌신적인 아들이라 말할 수 있다.

 토널리즘은 1880년대 미국의 미술 운동으로, 안개가 짙게 낀 것처럼 색조가 화폭 전체에 퍼져 있는 톤으로 풍경을 그렸다. 토널리즘 화가들 대부분은 어둡고 중립적인 색채를 사용했지만, 듀잉은 푸른 풍경을 좋아해 초록색으로 전체적인 주제를 발산하는 능력을 보여줬다.

 필자가 가장 좋아하는 듀잉의 작품은 〈류트〉다. 정확하고 현실적인 세부 사항으로 뭔가를 설명하거나 사실을 기술하는 대신 몽환적인 은유와 상징을 사용해, 보는 이의 환상을 불러일

토마스 듀잉,
〈류트〉,
1904

으키는 것 같다. 세 명의 여성이 류트*를 연주하는 여성을 지켜보고 있는 듯한데, 류트의 연주 소리가 들리는 것만 같다.

---

* 16세기에서 18세기까지 유럽에서 널리 유행했던 기타와 유사한 발현악기다. 줄의 수는 여섯 줄, 여덟 줄, 열 줄, 열세 줄, 열네 줄 등 다양하다.

토마스 듀잉,
〈여름〉,
1890

류트의 연주 소리가 궁금하다면 요한 세바스티안 바흐 Johann Sebastian Bach의 파르티타 BWV. 1006a 중 〈가보트와 론도〉를 들어보길 바란다. 듀잉의 그림에서 피어오르는 물안개와 같은 초록과 아름다운 선율이 어우러져 공감각적 조화를 느낄 수 있을 것이다.

듀잉은 매년 여름 코니시의 숲에서 동료 예술가들과 함께 피크닉을 기획하고 연극 공연에 참여했다. 당시 그린 〈여름〉

을 보면 마치 그곳에 함께 있는 것 같은 싱그러운 여름 냄새를 느낄 수 있을 테다.

그는 자신의 풍경화를 '장식'이라 불렀는데, 곧 자신의 가장 세련된 작품을 의미한다고 생각했다. 듀잉은 작품이 완성된 후 '어떤 장소에 걸릴까'를 늘 염두에 두고 작업했다고 한다. 필자가 그림을 그릴 때 고민하는 바와 일치해 심히 공감했던 기억이 있다. 벽 색상과 가구에 이르기까지 공간의 디자인은 듀잉이 그림을 그릴 때 최우선 고려 대상이었고, 어떤 경우에는 그가 직접 공간을 장식하기도 했다. 듀잉은 초록 물감을 실제 풍경 위에 뿌리는 화가인 것 같다.

고흐는 노란색을
정말 좋아했을까?

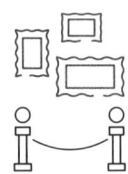

노랑은 인간이 볼 수 있는 가시광선에서 가장 밝은 색이다. 아름답고 예쁜 꽃들, 상큼한 레몬, 따뜻한 햇살, 밝고 긍정적인 에너지와 같은 것들을 떠오르게 한다.

그러나 노랑은 서양에서 인기가 없다. 심지어 색채 선호도 조사에서 가장 선호하지 않는 색 2위를 차지했을 정도다. 한국인을 포함한 동양인에게 이러한 결과는 다소 낯설게 보일 수 있다. 우리나라의 경우 해맑은 어린이들을 태우는 유치원, 학원 차량이 모두 노란색이기 때문이다.

잠시 노란색 차량의 기원을 살펴보자. 1939년 미국에서 프랭크 W. 시르Frank W. Cyr 박사가 최초의 '학교 교통 회의'를 조직하고 스쿨버스의 색을 노랑으로 정한 게 시초다. 이후 어린

이들을 안전하게 보호하는 색으로 노랑을 지정했다. 우리나라에선 2015년 1월 29일부터 '어린이 통학버스'로 용어를 일원화했고 반드시 노란색으로 전면을 도색하도록 했다.

그렇다면 서양에서도 노랑이 차지하는 비중이 크다는 말인데, 그들은 왜 노랑을 선호하지 않는 걸까?

노랑의 역사

고대 그리스에서 노란색 옷은 여성에게만 허용되었다. 사정이 이렇다 보니, 노란색 옷을 입은 남자는 사회 질서를 고려하지 않는 소외된 인간으로 여겨졌다. 또한 중세 후기부터 근대 초기까지 반역죄로 유죄 판결을 받은 사람의 집은 노란색으로 칠해졌다고 하니, 이보다 더 심한 낙인이 또 있을까 싶다. 15세기 체코의 신학자 얀 후스Jan Hus가 사형 선고를 받았을 때, 그는 노란색 옷을 입고 화형대에 끌려갔다.

유럽 역사에서 수 세기 동안 노랑은 '이단자' 또는 '신뢰할 수 없는 자'라는 인식이 흔했다. 르네상스 시대의 이탈리아 화가 조토 디 본도네Giotto di Bondone가 그린 유다의 모습은 당시 사람들이 노랑을 어떻게 인식하고 있었는가를 아주 잘 보여주고 있다.

조토 디 본도네,
〈유다의 입맞춤〉,
1304~1306

유대인을 뜻하는 프랑스어
'Juif'가 새겨진 옐로 배지.

유다는 예수를 체포하고자 온 대제사장이 그를 식별할 수 있도록 일부러 다가가 입맞춤했을 정도로 간악한 배반자였다. 예수의 제자였음에도 말이다. 그림 속에서 유다가 입은 옷의 색을 보면 노랑이 무엇을 상징하고 있는지 확연해질 것이다.

서양에서 노랑은 오랫동안 사회에서 소외된 사람들을 구별하는 색이었다. 노란색 신분증을 발급받은 매춘부, 외벽이 전부 노랑으로 칠해진 유럽의 요양소, 나치 정부가 유럽을 장악했을 때 유대인들을 식별할 수 있는 '다윗의 별'까지 부정적 낙인은 거의 다 노란색이었다.

특히 다윗의 별은 '옐로 배지'라는 이름으로 불리곤 했는데,

반유대주의자와 외국인 혐오증을 가장 극단적으로 드러내는 색이었다.

서양의 역사를 들여다보면 문화적 배경이 색의 선호도에 얼마나 큰 영향을 미치고 있었는지 깨닫는다.

임상 현장에서 이러한 문화적 차이를 확인하고 매우 놀랐던 경험이 있다. 경기도의 어느 가족센터에서 다문화 부부를 위한 집단 미술치료가 있었고, 나는 치료사로 의뢰를 받았다. 여덟 쌍의 부부가 참여했는데, 그들에게 색채에 관한 어떠한 설명도 하지 않았고 선입견도 주지 않았다.

외국인 아내와 한국인 남편으로 이뤄진 집단이었고, 여성들의 한국어 실력은 대부분 초보 수준이어서 남편의 도움으로 작업을 했다. 말하기는 어느 정도 했지만 글쓰기에 서툰 이들도 있었다.

미술치료의 장점 중 하나가 굳이 언어로 모든 걸 설명할 필요 없이 그림이 존재한다는 것인데, 그날의 집단 미술치료는 그런 면에서 빛을 발했다.

감정을 알아차리는 것에 관한 중요성, 감정의 뿌리와 종류 등을 간단히 설명하고 미리 준비해 간 하트 모양 안에 각자 최근에 느낀 감정을 색으로 표현하게 했다. 외국인 아내들이 자신의 감정을 색으로 표현한 그림에서 노랑이 가진 문화적 차이가 우리와 얼마나 다른지 확인해 보길 제안한다.

〈작품 12, 13, 14, 15〉, 외국인 여성

그림을 그린 여성은 멕시코인, 일본인, 두 명의 미국인이었다. 그들의 감정 하트에서 노랑이 의미하는 건 쉬고 싶음, 화남, 긴장, 부끄러움(수치심)이었다. 반면 한국인 남편들의 감정 하트에서 노랑은 모두 긍정적인 감정이었다.

색은 주관적이고, 자신의 감정을 알아차렸을 때 특정 색을 연상하는 것에는 정답이 없다.

노랑의 광기

칸딘스키가 노랑에 대해 "사람들에게 방해가 되는 색, 광기 어린 색"이라고 말했듯, 노랑이 가진 물리적 가시성은 문화적 호감으로까지 이어지진 않은 것 같다. 노란색에 많이 노출되면 시각적으로 피곤함을 느끼고, 아기들은 노란색으로 칠해진 방에서 더 많이 울기도 하며, 주위에 노란색이 너무 오래 있을 때 종종 화를 내는 경향이 있다고 보고되었다.

더욱 놀라운 사실은 의학사에서 가장 중요한 인물 가운데 한 명인 고대 그리스 의사 히포크라테스Hippocrates가 제창한 '체액론'에서도 노란색과 관련된 내용이 있다는 점이다. 히포크라테스는 엠페도클레스Empedocles가 묘사한 물, 흙, 불, 공기 등의 근본적 요소들을 의학에 적용했다.

인체에는 혈액, 가래, 황담즙, 흑담즙이 있으며 이들은 체질을 구성하고 통증과 건강을 유발하는 물질이라고 봤다. 건강한 상태는 네 가지 체액들이 올바른 비율을 이루고 잘 혼합된 상태라고 봤고, 체액 중 하나가 과잉이거나 부족할 때 질병이 발생한다고 본 것이다.

여기서 황담즙은 쓸개즙이다. 간에서 분비되어 담낭에 보관되고 십이지장으로 분비되는 알칼리성의 누런색 액체다. 히포크라테스는 황담즙과 같이 거무스름하고 흐릿한 노랑은 질병,

18세기에 그려진 네 가지 기질의 묘사.

질투 또는 그와 유사한 부정적 감정과 연결된다고 봤다.

이후 로마 황제의 개인 의사 직위를 받았던 클라우디오스 갈레노스Claudius Galenus는 논문 「온도론」에서 최초의 기질 유형을 개발하고 인간의 다양한 행동에 관한 생리적 이유를 찾았다. 너무 활발하고 혈기 왕성한 경향이 있으면 다른 체액에 비해 혈액이 많다고 가정할 수 있고, 너무 차분하고 내성적이거나 담담한 경우는 가래가 많은 점액질의 유형이며, 자주 슬프거나 우울한 사람은 흑담즙이 많을 수 있고, 성미가 급하고 자주 화를 내는 성격은 황담즙이 많은 유형이라는 것이다.

르네상스 이후 해부학이 발전하기 시작한 18세기 전까지 액체병리학은 가장 영향력 있는 의학 이론이었다. 노란색과 관련된 황담즙이 급한 성격에까지 영향을 끼쳤다는 이론은 지금까지도 어느 정도 인정되고 있다.

현대의 연구자들은 과학적 연구를 통해 색은 명도에 따라 특정한 생각과 감정을 불러일으킨다는 사실을 보고했다. 노랑이 특히 얼마나 밝고 또 어두운가에 따라 우리에게 주는 감정적 영향력이 다면적이고 모순적인 부분이 많다는 것이다.

노랑의 화가: 빈센트 반 고흐

'노랑' 하면 가장 먼저 떠올릴 화가는 빈센트 반 고흐일 것이다. 고흐는 1886년부터 5년간 노란색을 포함한 그림을 최소 638개 그렸다. 하지만 그가 노란색을 좋아해 즐겨 사용한 것인가에 대한 물음에는 의구심을 가질 만한 이야기들이 있다.

앞서 소개했듯 고흐는 37년의 짧은 인생을 우울, 중독, 정신질환으로 비참하게 보내다가 자살로 생을 마감했다. 그는 양극성 장애를 앓았고 심각한 간질 발작도 앓았다고 전한다. 물론 그의 정신질환이 정확히 무엇이었는지 알 수 없지만, 당시 그를 치료한 의사의 설명이 남아 있어 참고할 수 있다.

고흐가 노란색 물감을 많이 사용한 이유에 대해선, 술과 관련된 황시증에 의한 증거라고 보는 주장과 정신질환으로 병원에 있는 동안 치료 약으로 쓰인 디기탈리스에 의한 증상으로 보는 주장이 있다.

먼저 압생트라는 술을 들여다보자. 압생트는 제1차 세계대전 이전 반세기 동안 유럽 전역에서 유행한 프랑스 술이다. 아름다운 초록빛을 띠며 에탄올과 쑥, 물을 섞어 증류해 만들었다. 19세기 후반 프랑스에서 압생트는 가격이 저렴했을 뿐만 아니라 중독성이 강해 '국민 술'로 불릴 만큼 크게 유행했다.

마네, 로트렉, 오르펜, 피카소가 〈압생트 마시는 사람〉이라는 동일한 제목의 그림을 그렸고 이외에도 많은 화가가 '압생트'가 포함된 제목의 작품을 그렸다. 조울증, 발작, 폭력, 환각, 실명 등을 유발하는 것으로 보고된 압생트는 대중에게 놀랍게도 '초록색 요성'으로 불리며 신화적으로 인식되었는데, 결국 스페인을 제외한 모든 국가에서 생산이 금지되었다.

고흐의 발작과 환각 증상의 대부분은 압생트를 마신 직후 나타났다고 전해진다. 관련하여 가장 큰 사건은 고흐가 금주를 포기한 후 압생트를 마구 마시다가 흥분된 상태에서 귀를 잘랐다고 알려진 사건이다.

학자들은 고흐가 압생트를 많이 마셨기 때문에 황시증(黃視症)이 생겼을 거라는 가설을 세웠다. 황시증은 사물이 노랗게

빈센트 반 고흐,
〈12송이의 해바라기가 있는 꽃병〉,
1889

빈센트 반 고흐,
〈밀짚모자를 쓴 자화상〉,
1887

변해 보이게 하는 신경-안구 병리 증상이다. 압생트에는 테르펜으로 알려진 경련 유발 화합물 성분이 있었는데, 고흐는 납성분이 들어 있는 물감과 함께 테레빈유를 자주 마시곤 했다.

고흐가 노란색 물감을 많이 사용한 원인에 대한 두 번째 가설을 이야기해 보자. 고흐의 시각에 관한 정확한 진단 기록은 없으나, 시력에는 이상이 없었다. 정신병원에 입원한 후 주치의 폴 페르디낭 가셰Paul-Ferdinand Gachet 박사가 디기탈리스*를 처방했을 가능성이 매우 높으며, 고흐가 황시증을 앓았을 거라는 가설을 강력히 뒷받침한다.

디기탈리스.

디기탈리스에서 추출된 디곡신digoxin 성분은 중등도 심부전 치료에 사용되고, 디곡신의 표적 효소 농도가 높은 건 눈의 망막에 있는 원뿔 세포에서 발견된다. 이 세포는 색각 이상 증상을 일으킬 수 있는데, 디곡신 관련 약물을 복용하는 일부 사람들은 시야가 흐릿해지거나 때때로 빛 주변에 후광이 있는 것처럼 보일 수 있다고 한다.

여기에 추가된 상황적 증거는 고흐가 정신병원에 입원했을 때 담당 의사였던 가셰 박사를 그린 두 점의 초상화다. 가셰 박사는 디기탈리스 꽃을 들고 있다. 참고로 가셰 박사의 초상화는 고흐가 자살하기 불과 6주 전에 완성되었다. 다만 고흐가 받았던 스트레스나 발작으로 인한 대뇌피질 손상이 그를 변화시키고 색각 이상을 만드는 매우 복잡한 과정에 영향을 미쳤을 가능성을 짐작할 뿐이다.

예술가들은 종종 자신의 작품에서 현실을 묘사하지 않는다

★ 다년생 식물, 일반적으로 '폭스글러브(Foxglove)'라 불림.

빈센트 반 고흐,
〈가셰 박사의 초상화〉 첫 번째 버전,
1890

빈센트 반 고흐,
〈가셰 박사의 초상화〉 두 번째 버전,
1890

고 말하곤 한다. 하지만 작품으로 화가의 신체적 환경을 분석적으로 바라보는 것보다 화가가 공유하고자 했던 현실에서 무엇을 '느끼는지' 고민해보는 게 더 좋지 않을까 싶다.

고흐의 작품은 불안을 포함한 자신의 감정적 갈등을 반영하고 있고, 그 강렬한 감정은 공감을 불러일으킨다. 그가 황시증을 앓았든 그렇지 않았든 상관없이 말이다.

우리 딸은 왜
분홍색을 좋아하는 걸까

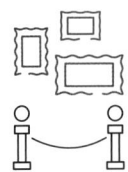

코로나19 팬데믹 시기, 실시간 온라인 강의가 늘어나면서 전국의 어린이집 보육교사를 대상으로 아동의 색채심리를 교육했다. 그때 가장 많이 받은 질문은 "여자아이들은 왜 분홍색을 좋아하나요?"였다.

어린 딸을 두고 있는 부모나 미술 교육 분야에 있는 분이라면 비슷한 궁금증을 가질 것이다. 하지만 딸아이가 자라 사춘기를 맞이하면서 자연스럽게 분홍에 대한 애착이 줄어드는 모습을 접한 분들도 있을 테고, 본인도 한때 '핑크 홀릭'이었다가 성인이 된 지금은 전혀 그렇지 않다고 대답할 여성 분들도 많을 것이다.

우리는 '당연하게' 남자아이들은 파랑을 선호하고 여자아이들은 분홍을 선호한다고 생각한다. 그러나 그게 왜 당연한 것인가? 결론적으로 말하면, 여자아이가 분홍색을 좋아하는 이유가 한 가지만은 아니라는 점이다.

여아의 분홍을 향한 애착은 우리나라뿐만 아니라 서양도 마찬가지라 연구자들은 과학적으로 분홍색에 대한 선호 현상을 밝히려 애써왔다. 텔레비전이나 인터넷이 없는 지역에서 태어나 색에 대한 어떠한 선입견도 없는 곳, 도시로부터 이주한 외부인이 없는 환경에서 자라난 소녀가 있다고 해보자. 과연 그 소녀도 분홍색에 열광할까?

호주의 학자들은 분홍에 대한 지역별 아동의 선호도를 조사하고자 전 세계에서 세 개의 소규모 사회를 찾아냈다. 페루 이미리아호의 시피보 마을, 콩고 공화국 북부의 바야카 마을, 바누아투 타나섬의 카스톰 마을이다.

이 세 개의 마을은 상대적으로 독립적이고 대부분의 주민이 현대식 문화의 시스템에서 교육을 받지 않았으며 텔레비전, 인터넷 또는 라디오와 같은 대중 매체를 사용하지 않았거니와 공장에서 생산된 옷과 같은 대량 생산 품목을 거의 사용하지 않는다는 공통점이 있다.

또한 이 마을들은 큰 지역의 도시에서부터 멀리 떨어져 있다. 비교군으로는 도시 문화의 영향을 크게 받는 호주 브리즈번이 선택되었다.

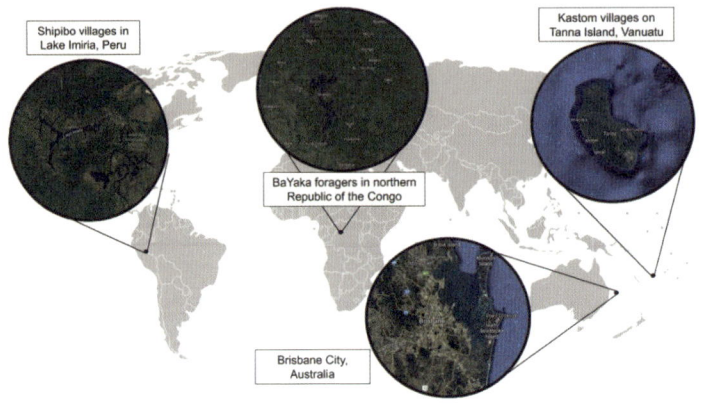

분홍색과 여성의 결합을 자연스럽게 여기는 도시 문화와
접촉이 적은 것으로 추정한 지역들.

    지역 언어와 영어를 모두 구사할 수 있는 통역가를 참여시켜 4세에서 7세의 지역 어린이들과 소통할 수 있도록 했다. 어린이는 큰 종이에 인쇄된 두 가지 색상(분홍색과 파란색)을 보고 어느 쪽을 더 선호하는지 선택하도록 요청받았다.

    소규모 사회의 어린이들도 브리즈번의 어린이들처럼 분홍색을 선호할까? 결과는 매우 흥미로웠다. 소규모 사회의 어린이들은 성별과 무관하게 분홍색에 대한 특별한 선호도를 보이지 않았다. 특별히 좋아하지도, 싫어하지도 않는다는 뜻이다. 하지만 도시의 소녀들은 분홍색을 선호하는 모습이 확연히 나타났다.

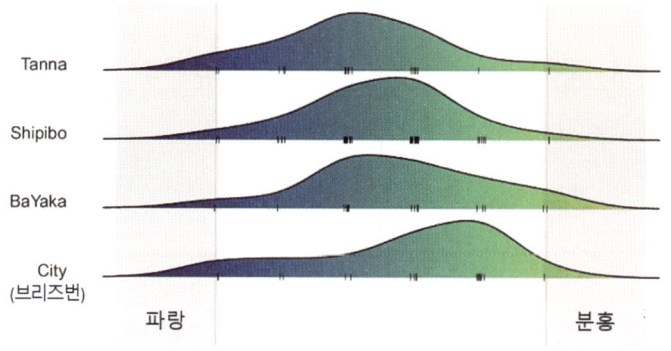

도시와 조사 지역의 분홍과 파랑의 선호도 차이 비교.

소녀들이 '유전적으로 분홍색을 좋아하도록 태어난다'라는 의견을 주장한 학자들의 연구와 놀라운 대조를 이룬다. 여러 국가에서 실험한, 여아의 분홍색 선호도를 관찰할 수 있는 나이는 최소 2.5세였다. 어린이에게만 나타나는 것으로 보이며 성인 여성에게선 나타나지 않았다. 사회적, 인지적 문화가 소녀들의 성별과 색상에 관한 선호도에 미치는 영향이 얼마나 큰지 보여 준다.

소녀들은 자신이 속한 유치원이나 학급에서 여자 친구들이 분홍색 옷을 많이 입을수록 더욱 분홍을 선호한다는 걸 의미한다. 딸이 다니는 유치원이나 학급에서 아무도 분홍색 옷을 입고 오지 않는다면 굳이 분홍색 옷을 입혀 달라고 떼쓰지 않을 거라는 뜻이다.

반면 도시의 소녀들은 자라나는 동안 바비 인형과 같은 장난감에서부터 이부자리, 옷, 가방, 신발 등 너무도 많은 분홍색 제품들에 둘러싸여 있다는 걸 알 것이다.

그러니 소녀들이 분홍색에 열광하는 첫 번째 이유는 문화적 배경이라는 사실을 다시 한번 확인할 수 있다.

또 다른 이유는 '여아는 유전적으로 분홍색을 좋아하도록 태어난다'라는 주장이다. 영국의 시각 신경과학자 안야 허버트 Anya Hurlbert 교수는 여성이 분홍색을 선호하는 이유, 혹은 적어도 남성보다 붉은색을 더 선호하는 이유에는 생물학적 근거가 있다고 주장한다.

연구 참여자는 20~26세의 남녀 성인 208명이었고, 마우스 커서를 사용해 디스플레이 중앙에 순차적으로 표시된 일련의 작은 색상 사각형 쌍에서 선호하는 색상을 가능한 한 빨리 선택하도록 했다. 결과는 남녀 모두 파란 계열의 색을 선호한다는 통계가 나왔지만, 여성은 남성에 비해 붉은빛이 감도는 라일락에 가까운 파랑을 더 선호했고 남성은 전형적인 파랑을 선호했다고 밝혔다. 생물학자들은 우리의 영장류 조상이 색각을 발달시킨 이유가 초록색 식물을 배경으로 붉은색의 '잘 익은' 과일을 쉽게 골라낼 수 있었기 때문이라고 했는데, 허버트는 여성이 붉은색을 더 좋아한다는 자신의 연구 결과가 이 이론을 뒷받침한다고 결론지었다.

분홍의 화가: 앙리 드 툴루즈-로트렉

예술 속의 나쁜 여자는 마녀와 창녀, 술집이나 카바레에서 일하는 여자, 술을 마시는 여자 등으로 나타난다. 명화 속에서 이런 예는 셀 수 없이 많고, 특히 인상파와 후기 인상파 작품들의 경우 더욱 그렇다.

1892년 말, 로트렉은 프랑스 앙부아즈 거리 사창가의 살롱 벽 장식 제작을 의뢰받았고 루이 15세 양식으로 열여섯 개의 패널을 디자인하기로 했다. 이 시기 로트렉은 사창가에서 지내는 여성들의 생활 방식을 가까이서 관찰할 기회를 얻었는데, 그들 중 몇몇 여성의 경우 서로 깊이 사랑하는 사이라는 것도 알게 된다.

덕분에 로트렉은 여성들의 애정과 무력함을 관음증에 노출시키지 않으면서도 레즈비언 관계의 진정한 깊이를 묘사하는 데 성공할 수 있었다.

〈소파〉에서 로트렉은 그녀들의 일상적이고 사적인 순간들을 어떠한 판단이나 편견 없이 있는 그대로 표현했다. 테레빈유로 유화 물감을 희석해 사용하는 기법으로 빠르게 작업했기 때문에 마치 파스텔로 그린 것처럼 보인다.

소파에 비스듬히 누운 두 여성은 화가의 시선을 전혀 의식하지 않은 듯 서로를 다정하게 바라보고 있다. 앞의 여성은 분

앙리 드 툴루즈-로트렉,
〈소파〉,
1894~95

홍색 원피스를 입고 있는데, 무릎 위까지 올라오는 스타킹이 섹시함을 더 한다. 분홍색은 여성성, 매력, 예민함, 부드러움을 상징하기도 하지만 싸구려처럼 보이기도 한다.

   이 여인은 가브리엘이라는 여성이며, 로트렉의 여러 그림에서 모델이 되기도 했다.

분홍색의 의미와 상징성은 세월이 흐르면서 변화해왔다. 오래 전에는 남자아이를 상징하는 옷이기도 했고, 예술 작품에선 분홍색이 자궁과 순수함을 상징하기 때문에 예수 그리스도를 상징하는 데 사용되기도 했으며, 로마 신화에선 친밀함과 사랑의 여신 비너스를 분홍색으로 그렸다.

분홍의 화가: 폴 고갱

다음 작품은 타히티의 원시적 생활 방식을 사랑했고 원시적 감성을 서구의 비관주의에 대한 해독제로 여겼던 폴 고갱의 그림이다. 물론 고갱은 빨강, 주황, 노랑, 보라 등 화려한 색을 마법처럼 사용한 화가지만, 분홍색 해변이 전혀 어색하다고 느껴지지 않는 그림이 있어 소개해본다.

1902년에 제작한 〈해변의 기수들〉은 인상주의의 느낌이 물씬 풍긴다. 다양한 기법을 하나의 아름다운 작품으로 결합한 고갱의 독특한 예술적 스타일을 보여준다. 다채로운 색채와 구도로 상상과 현실이 만나는 이국적 세계로 안내한다.

그가 말년에 고향을 바라볼 수 있었던 아투오나 해안에서 그린 이 작품은 드가의 그림들을 떠올리게 하며, 비록 병들었음에도 불구하고 끝까지 간직했던 예술가적 힘이 느껴진다.

폴 고갱,
〈해변의 기수들〉,
1902

　공간감, 인물들의 고립성, 각 말을 하나의 완결된 형태로 만드는 명확한 윤곽, 리드미컬한 간격 모두 드가의 비전과 유사하다. 또한 그림의 처리 방식은 과거와 미래를 동시에 암시한다. 하늘을 표현한 붓놀림과 색깔조차 인상파 화가들의 영향을 받앉지만, 고갱 자신의 작품인 전경의 분홍색은 야수파 화가들을 향하고 있다. 야수파 화가들뿐만 아니라 파스텔 색조, 말들의 희소성, 그리고 오른쪽 위 두 기수의 상징적 축소는 피카소의 그림과도 유사한 느낌을 준다.

5장

무의식적 상징

: 자아의 표현

억압된 감정의
내적 자아와 무의식

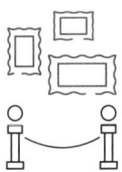

창작 과정의 메커니즘에 관해 예술가들은 종종 강렬한 내적 충동, 집착에 이를 정도의 예술적 표현에 대한 열정을 말해왔다. 창작 과정은 뇌와 마음에서 시작해 팔과 붓, 캔버스로 이어져 인지적 숙고가 끼어들 여지는 거의 없다.

비슷한 맥락에서 게오르그 바젤리츠Georg Baselitz는 그림 그리는 과정에 몸을 맡길 때 마치 '자기 곁에 서 있는' 듯한 느낌을 경험한다고 말했다.

최근 인공지능을 탑재한 휴머노이드 로봇 '아이다'의 그림이 미국 뉴욕 소더비 경매에서 100만 달러(약 13억 원)가 넘는 가격에 낙찰되었다는 소식을 접했다.

이미 오래 전부터 인공지능이 인간의 직업을 대신할 거라는

스위스 제네바에서 열린 유엔 행사에서 그림을 선보이는 아이다.

걱정스러운 시각은 많았지만, 그들이 점령하기 힘들 거라고 예상한 예술 분야가 이렇듯 쉽게 무너진 모습을 보면서 많은 학자와 예술가들은 놀라움과 동시에 우려를 표했다.

아이다가 그린 그림은 훌륭하다. AI는 인간이 만든 수십 억 장의 사진으로부터 예술적 감각을 습득하기 때문에, 상상하는 그 이상의 훌륭한 그림을 그려낼 수 있다.

하지만 필자의 생각은 예술 분야에서 인간이 AI에게 자리를 빼앗길 거라는 업계의 보편적 시각과는 조금 다르다. 순수 미술은 '불완전함'을 수용하기 때문이다.

화가들은 의도적으로 특정 요소를 거칠거나 다듬지 않은 채 남겨둬 인간적 결함과 심리를 드러낸다. 이러한 요소는 화가마다 가진 개성을 나타내기에 공감을 불러일으키고 감동을 선사하기도 한다.

그러나 AI는 지나치게 완벽하고 정밀하다. 무엇보다도 중요한 건 로봇이 그린 그림에는 '자아'가 없다는 점이다. 물론 일반 관람객의 경우 로봇이 그린 그림과 인간이 그린 그림을 구분하는 것조차 쉽지 않을 수 있다.

하지만 확실한 건 로봇이 그림을 그리는 동안 '자기 자신이 곁에 서 있는' 듯한 느낌을 경험했을 리 만무하다는 것이다. 결과물은 미학적으로 훌륭할 수 있을지 모르나, 창작자의 고뇌와 의도, 그리고 가장 중요한 자아는 없다.

긍정적으로 바라보자면, AI의 기능을 새로운 예술적 표현 방식으로 인정하고 화가가 자신의 작품을 발전시키는 도구로 사용하는 것이다.

다만 필자는 예술가가 느낀 내적 충동, 불완전성, 감정, 무의식, 그리고 자아가 없는 AI의 그림이 고흐의 작품처럼 역사적으로 남아 오랫동안 회자될 거라고 생각하지 않기에 우려를 느끼진 않는다.

이러한 맥락에서 억압된 감정과 고통으로 점철된 내적 자아와 무의식을 표현한 초현실주의 화가들의 작품을 소개한다.

꿈과 환상, 무의식이 만든 세계

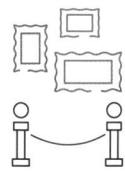

피카소, 달리와 함께 스페인 현대 미술의 3대 거장 중 한 명인 카탈루냐 출신 화가 호안 미로는 몽환적 스타일로 유명하다. 1893년 스페인 최대 항구 도시 바르셀로나에서 태어난 미로는 시계를 만드는 아버지와 금세공가인 어머니 덕분에 자연스럽게 예술적 환경에 노출된 환경에서 자랐다.

미로의 작품들은 대부분 어린이의 그림처럼 밝은색들과 추상적 모형들이 춤을 추는 듯 보이지만, 그는 불과 열여덟 살 나이에 우울증이 발병해 평생을 순환성 기분장애*에 시달렸다.

---

* 최소 2년 이상 절반 이상의 기간 동안 조증, 경조증 또는 우울증 등의 기분 삽화가 네 번 이상 나타나는 장애.

부모님의 농장인 몬트로이그에서 어린 시절을 보내면서 그림으로 마음을 달랬고, 성인이 된 후 당대의 다다이즘과 입체파의 영향을 받아 전통적 미학과 기법을 거부하고 새로운 시각 언어로 초현실주의를 탐구했다.

초현실주의는 제1차 세계대전과 제2차 세계대전 사이 유럽에서 번성했던 시각 예술과 문학 운동이다.

아울러 르네상스 이래로 인간 문화의 근본적 문제에 도전하고 우리 인간의 무의식에 실제하고 있는 상상적 세계를 확대하면서, 인간의 삶과 인식 전체의 혁명을 꾀한 운동이라고 말할 수 있다.

1920년대 초현실주의는 화가의 정신과 깊은 연관이 있는데, 프로이트의 정신분석학 개념에서 영감을 받았다. 프랑스의 시인으로 초현실주의의 공동 창시자이자 지도자였던 앙드레 브르통André Breton은 저서 『초현실주의 선언』에서 초현실주의를 "순수한 상태의 정신적 자동성으로, 생각의 실제적 기능을 말로 글자로 또는 다른 방식으로 표현하고자 하는 것"이라 선언했고 정신분석학을 사상의 핵심으로 삼았다.

초기 초현실주의자들이 프로이트의 정신분석학적 이론들인 '무의식'과 '꿈의 해석'을 자신들의 중심 사상으로 채택했다는 점에서 초현실주의와 정신분석학의 관계는 긴밀하다.

그렇다면 정신분석 이론이란 무엇일까?

무의식 이론은 심리학계의 코페르니쿠스적 혁명을 일으킨 개념이라 말할 수 있다.

프로이트는 인간에게 이성적 정신은 빙산의 일각에 불과한 것으로 규정하고, 인간의 무의식과 그것이 행동에 미치는 영향을 탐구했다.

프로이트는 인간의 정신을 원초아, 자아, 초자아로 나눴다. 원초아는 기본적 욕망과 충동을 나타내고, 자아는 현실에서 그러한 욕망을 이성적으로 관리하며, 초자아는 도덕적 나침반, 즉 옳게 행동하라고 잔소리하는 부모님과 같다.

무의식에서 억압된 욕망이 우리의 행동을 형성하고, 제대로 다루지 않으면 심리적 문제로 이어질 수 있다.

이러한 개념은 초현실주의 예술을 이해하는 데 핵심적 역할을 한다. 초현실주의자들은 예술을 통해 비이성적인 걸 탐구하고 사회적 규범에 도전하며 숨겨진 감정, 꿈, 억압된 욕망을 표현하고자 무의식에 접근하고자 했다. 프로이트의 이론이 시사하는 바와 매우 유사하다고 볼 수 있다.

브르통은 미로를 '가장 초현실주의적인 사람'이라고 인정했다. 뿐만 아니라 상호작용할 수 없는 걸 결합하는 데 있어 누구도 미로를 따라올 수 없다고 평가했다.

초현실주의자들은 무의식에 접근하고 전통적인 예술적 제약에서 벗어나고자 자동기술법을 채택했다. 자동기술법은 창작 행위에 대한 합리적 통제를 억누르고 무의식이 손이나 붓의 움직임을 주도하도록 하는 걸 의미하는데, 미술치료에서도 자주 사용하는 '난화 기법'*과도 같다.

난화 그림은 미술 교육자 플로렌스 케인Florence Cane이 만들었고, 그녀의 언니 마가렛 나움버그Margaret Naumburg가 치료적 개입으로 발전시켰다. 나움버그는 저서『역동적 미술치료』를 통해 난화에 관해 서술했고, 이 작업은 미술치료의 발전과 전문성에 큰 영향을 미쳤다.

난화, 즉 '낙서'는 타인 앞에서 그림을 그리는 것에 대한 두려움을 가진 사람들의 부담을 덜어준다. 안전하다고 느껴지며 신뢰할 수 있는 치료사와 함께 위협적이지 않은 환경에서 실시한다면 통찰력을 얻을 수 있다. 물론 혼자서도 시도해볼 수 있는 작업으로, 미로가 그러했듯 자신의 내면 세계를 탐구할 수 있도록 도와주기도 한다.

필자는 얼마 전 스스로 무능함을 느꼈던 상황에 빠져 자존감이 상당히 떨어진 적이 있다.

긴 세월 수많은 내담자와 수강자들에게 난화(낙서)를 그리도

★ 영어의 'scribble'을 번역한 '긁적거리기'란 의미를 가진다. 미술치료에서 사용되는 무의식을 의식화는 방법 중 하나다. 난화는 연필이나 마커펜, 색연필 등으로 내담자의 판단 없이 손이 가는 데로 낙서하듯 자연스럽게 선을 그리는 것이다. 이러한 관행은 지나치게 생각하는 좌뇌적 방어기제를 약화할 수 있다.

문주,
〈난화 1〉,
2025

록 권했는데, 정작 나는 낙서를 한 지가 언제인지 까마득했다.

연구소에 앉아 꽤 큰 캔버스에 과감히 바탕색을 깔고 내게 올라오는 슬픔과 좌절, 분노는 어떤 색일지 생각해보면서 내면에서 느껴지는 여러 감정을 낙서하듯 즉흥적으로 또 무의식적으로 붓을 움직였다.

당시 슬픔과 분노는 빨강도 검정도 아닌 탁하고 짙은 올리브색과 검푸른 바다의 미역과 같은 것들이 뒤섞인 색이었다. 그것에서 헤어나오고 싶은 발버둥은 형광에 가까운 노랑과 선홍색이 들어간 분홍색이었.

몇 가지 색들을 더해 다소 왜곡되었던 사고를 알아차리고 몰입의 경험을 잠시나마 가졌다.

난화는 즉흥적으로 그려지기 때문에 창의적인 자기표현을 끌어내고, 구조화되지 않은 특성으로 그림 그리기에 대한 불안감을 줄이는 데 도움이 된다. 또한 코르티솔* 수치를 낮춰 불안과 스트레스를 줄여주며, 불안한 감정이 온몸을 거쳐 종이 위로 흘러가도록 한다. 미술치료에서 통찰력 있는 치료 기법이 될 수 있다.

미로 역시 낙서에서 큰 영감을 얻었다. 그는 예술 작품을 만들 때 충동적이고 즉흥적이었으며, 무의식적 창작물에 큰 의미를 뒀다. 미로의 기발함과 자연스러운 유머는 이러한 점으로부터 솟아나며, 보는 사람을 그림 속으로 끌어당겨 매혹적인 기쁨과 호기심을 불러일으킨다.

그림 〈카탈루냐 풍경(사냥꾼)〉은 카탈루냐에 있는 가족 농장을 배경으로 한다. 미로는 그곳에서 자라면서 느꼈던 무의식적 기억을 표현하고자 동물, 인간적 요소, 자연물을 상징적으로 조합해 묘사했다.

이 작품은 언뜻 단순해 보이지만 완성하는 데 1년이 넘게 걸렸다. 캔버스를 바라보면 노란 하늘 위로 구불거리는 물체, 글자, 사물들이 춤을 추는 듯하다.

오른쪽 아래 모서리에서 'sard'만 적혀 있어 감상하는 이가 각자 원하는 대로 단어를 완성할 수 있도록 했다. 후에 미로가

★ 콩팥의 부신피질에서 분비되는 호르몬을 말한다. 주로 외부의 스트레스와 같은 자극에 맞서 몸이 최대의 에너지를 만들어 낼 수 있도록 하는 과정에서 분비된다.

호안 미로,
〈카탈루냐 풍경(사냥꾼)〉,
1923~1924

남긴 식별표를 보면 스페인어 'sardine(정어리)'이라는 걸 알 수 있다. 글씨 주변에는 정어리 관련 요소들이 흩어져 있다.

하여 이 그림은 표면적으로는 무작위처럼 보일지라도 통합적인 느낌을 준다.

미로는 꿈과 무의식을 통해 세속적인 요소와 마법적인 요소를 자유롭게 결합함으로써 자신만의 회화적 스타일을 구축해 나갔다.

미로의 작품 중 할리퀸이 등장하는 〈할리퀸의 카니발〉은 자신의 경험과 기억을 그림 속에 형상화하는 방식으로 그려졌다. 할리퀸은 기타와 비슷하지만 아가일 무늬, 콧수염, 제독 모자, 파이프 등 어릿광대의 특징을 어느 정도 유지하고 있다. 그림 속 할리퀸은 슬픈 표정을 짓고 있는데, 아마도 배에 구멍이 난 탓일 것이다. 이는 화가의 개인적 삶의 경험을 반영한다. 당시 미로는 돈이 부족해 음식을 사 먹기도 힘들었다고 한다. 때로는 배고픔이 환각의 기원이 되었다고도 설명했다.

미로는 살아생전 "나는 회화를 암살하고 싶다"라고 말한 바 있는데, 아마도 자신의 예술을 이해하는 열쇠가 되는 매혹적인 아이콘과 상징의 세계가 단순한 회화로 평가받고 싶지 않았던 것 같다.

오늘날에도 미로의 자유분방한 예술적 표현은 계속해서 진화하는 예술 운동에 활력을 불어넣는 원동력이 되고 있다.

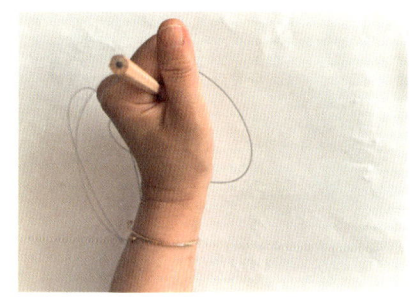 

☞ 난화 그리기

　연필과 종이만 있다면 평소 쓰지 않는 손을 사용해 물 위를 떠다니듯 즉흥적인 낙서를 한 번 시도해보시길 권한다.

　잠시 명상한 후, 평소에 쓰지 않는 손을 사용해 연필을 사진과 같은 모양으로 쥐고 자유롭게 낙서한다. 낙서할 때 연필의 속도와 방향은 의식적으로 하지 말고 손에 내맡긴다는 기분으로 따라간다. 완성된 낙서에서 나와 공명하는 모양들을 찾아보고 그 모양을 다른 색으로 칠한 후 떠오르는 자유 연상을 말해본다. 이때 전문 치료사는 자유 연상으로 난화를 그린 이에게 그 형상들이 어떤 의미인지, 떠오르는 기억이 있는지 등을 묻고 현재의 상황과 맞닿을 수 있도록 돕는다. 매우 간단하면서도 개인의 무의식을 잠시라도 엿볼 수 있는 출입문을 향해 가는 과정이다.

가장 초현실적인
초현실주의자

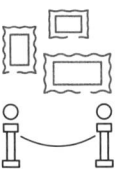

프랑스의 초현실주의 화가 이브 탕기Yves Tanguy는 정식 미술 교육을 받은 적이 없다. 그럼에도 그는 자신만의 독창적인 스타일을 만들었고, 후대의 수많은 예술가에게 영향을 끼쳤다.

탕기가 예술가의 길을 가겠다고 결심한 때는 20대, 화물선 선원으로 일하던 시절이었다. 그전까지 예술과의 접점은 혼란스러운 경험들로 가득했다. 10대 시절엔 앙리 마티스의 아들과 친구가 되어 마티스의 작업실에 드나들며 야수파 작품들을 접했다.

그런가 하면 여름마다 가족과 함께 머물던 브르타뉴의 시골 마을에선 거리에서 아이들의 장난에도 아랑곳하지 않고 그림을 그리는 토속 화가를 보기도 했다. 탕기는 그 화가의 평온한 집중력을 인상 깊게 받아들였고, 이후 자신도 오직 하나의 대상에 몰입하는 태도를 이어간다.

1923년, 23세의 탕기는 버스를 타고 가다가 어느 미술관 간판을 보고 갑자기 마음이 동해 다음 정류장에서 내려 그곳으로 달려간다. 그렇게 조르조 데 키리코Giorgio de Chirico의 1914년 작 <어린아이의 뇌>를 본 그는 본격적으로 예술가의 삶을 시작한다. 탕기의 초기 작품은 다소 서툴고 순진한 느낌을 주지만, 지인들 사이에선 분명한 잠재력을 지닌 작가로 인정받기 시작했다.

필자도 '삶을 바꾼 작품을 꼽으라면 뭐라고 답할까?'를 고민한 적이 있다. 삶 전체를 바꿨다고 말하긴 어렵지만, 초등학교 시절 엄마가 보시던 여성 월간지의 표지를 장식한 고 천경자 화백의 그림으로 기억한다. 필자의 그림이 화려한 꽃과 색채로 주를 이루는 게 그 영향이 아닌가 싶다.

키리코의 작품을 관람한 이후 탕기의 그림은 놀라운 속도로 발전한다. 1927년에는 그만의 개성 있는 스타일이 확립되었는데, 그 시기의 대표작이라면 황량한 풍경을 담은 <엄마, 아빠가 다쳤어요!>가 있다.

작품의 제목은 탕기의 아이디어가 아니라, 안드레 브르통 André Breton과 함께 읽은 정신의학 교과서에서 따왔다. 그림은 여러 방면으로 해석이 가능한데, 제1차 세계대전의 폭력을

이브 탕기,
〈엄마, 아빠가 다쳤어요!〉,
1927

언급하며 공포와 불안의 분위기를 강조했다는 해석이 주를 이룬다.

 아빠는 노란색의 서 있는 모습으로, 엄마는 선인장으로, 아이는 무정형의 덩어리로 표현되어 있다. 심리학적 관점에서 보면, 죽음이라는 것과 의식적 대면을 시도하는 개성화 과정의 상징적 장면일 수 있다. 작품 속 가족은 자아의 일상성과 유대를

이브 탕기,
〈가족을 지켜보는 죽음〉,
1927

나타내며, 죽음은 그것을 멀리서 주시하는 그림자이자 통합되어야 할 자기의 한 조각으로 볼 수 있다.

물론 제1차 세계대전 당시 파리에서 외롭게 보낸 청소년기의 외상 후 반응으로 해석할 수도 있지만, 탕기는 자신의 작품에 의미나 해석을 부여하려는 시도에 반대하며 창작의 자유를 틀에 가두고 싶어 하지 않았다.

비슷한 시기에 죽음을 주제로 한 탕기의 작품이 하나 더 있다. 〈가족을 지켜보는 죽음〉은 작가가 어린 시절을 보낸 브르타뉴의 풍경에서 영감을 받은 게 분명해 보인다. 비가 곧 쏟아질 것 같은 하늘을 배경으로, 영적 형상과 신비로운 물체들이 모호한 지형 곳곳에 흩어져 있다. 거대한 원뿔 모양의 구조물 주변에는 유령 같은 존재들이 기다림에 잠긴 듯 보인다. 탕기의 독특한 초현실주의 접근 방식인 '죽음과 존재'라는 주제에 대한 성찰이 돋보인다.

삶에서 죽음(종결)의 순간을 외면하고 있었다면, 그게 무엇일지 생각하게 하는 작품들이다.

한편 초현실주의는 프로이트의 정신분석 이론에서 영향을 받은 미술로 보는 게 보통이지만, 탕기의 경우 다른 방향의 영향으로도 볼 수 있는 여지가 있다.

1929년, 융은 당시 무명에 가까웠던 탕기의 작품 〈무제〉를 구입해 소장했다. 그는 이를 자신의 심리학 이론의 심상적 단서이자 상징체계의 사례로 삼았다.

융은 꿈과 환상 속 이미지가 무의식의 메시지를 담고 있다고 봤는데, 탕기의 그림은 마치 꿈의 한 장면처럼 구성되어 있어 의도된 해석보다 직관적 감각을 자극한다고 이해했다. 이 점에서 융은 〈무제〉를 '무의식이 드러나는 장'으로 봤다.

그림을 보면, 어두운 배경 위에 유기체처럼 생긴 기이한 형

이브 탕기,
〈무제〉,
1929

상들이 배치되어 있다. 현실의 어떤 물체와도 닮지 않았지만, 꿈이나 환상 속에서 나타날 법한 이미지로 구성되어 있어 인식이 아닌 '감각 너머의 무엇'을 떠올리게 한다. 비언어적 원형의 시각화로도 설명할 수 있겠다.

또한 〈무제〉는 혼돈처럼 보이지만 일정한 질서를 갖고 있고, 융이 강조한 무의식과 의식 사이의 상호작용을 시각적으로 보여준다. 융은 이 작품을 통해 무의식이 단순히 억압된 욕망과 기억의 저장소가 아니라 상징과 통찰의 창조적 근원이라는 걸 다시금 확인한 것이다.

융은 이 그림을 1950년대 발표한 글에서 인용하며, 기묘한 생물 형태와 음울한 풍경이 현대문명의 불안과 공포의 집단적 이미지를 상징한다고 설명했다. 이후 그가 꿈 분석, 원형 이론, 상징 연구 등에서 시각 이미지의 중요성을 강조하게 만든 계기가 되었다.

흥미롭게도, 프로이드를 추앙했던 달리는 공개석으로 탕기의 스타일을 따라 했다고 말한 바 있다. 하지만 달리의 인종차별적 발언과 파시스트적 태도로 둘의 관계는 매우 나빠졌다. 심지어 탕기는 브르통이 주도한 선언문에 서명하며 달리의 초현실주의 퇴출을 공식화하기도 했다.

초현실을 춤추는
광대의 운명

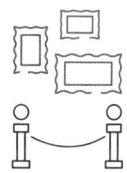

살바도르 달리Salvador Dalí는 단순한 예술가가 아니라 초현실주의의 살아 있는 신화다. 독특한 개성과 획기적인 작품처럼 달리의 삶은 파격적이고 기괴한 순간들로 가득했다.

형식적으로는 자동기술법을 사용해 초현실주의의 대표자로 불리지만, 평생 무정부주의자로 정치와 무관한 삶을 살았기에 초현실주의의 주류와는 상반된 곳에 있었다. 또한 자본주의를 비판하면서도 돈과 명성을 향한 욕망을 당당하게 드러낸 것 또한 초현실주의가 지향하는 바와 상반된다.

그럼에도 우리가 달리를 초현실주의의 대표자로 꼽는 이유는 그의 그림에서 현실과 환상의 모호한 경계에서 어린 시절의 외상, 자기애적 태도, 무의식의 부정적 감정이 창조성으로 전환

되면서 극적으로 형상화되었기 때문이다.

예술적 성과만큼이나 기이한 행동으로 점철된 그의 삶은 탄생부터 예사롭지 않았다. 그의 부모는 달리가 태어나기 전 1903년, 22개월 된 큰아들을 감염성 위염으로 떠나보냈다. 9개월 후 달리가 태어났고, 부모는 그에게 사망한 형과 똑같은 '살바도르'라는 이름을 지어줬다. 훗날 달리는 이를 두고 부모의 '무의식적 범죄'라고 말한 바 있다.

<죽은 형의 초상>에서 자기희생이 갖는 외경심은 죽은 형의 이미지가 정교한 허구라는 것으로 부각된다. 사춘기 소년처럼 보이는 아이의 얼굴은 달리와 동일시되지 않고, 거대한 머리가 황량한 풍경 위로 우뚝 솟아 있다. 회고록에서 달리는 회상한다.

"내 인생에서 처음으로, 나는 내 자신에 대한 절대적 진실을 깨달았다. 죽은 형은 내 영혼 깊은 곳에 자리 잡고 있고 형은 부모님의 큰 사랑을 받았기 때문에, 나조차도 그의 이름을 따서 '살바도르'라고 불렸다는 것이다. 이 엄청난 충격은 계시와도 같았다. 내가 부모님의 방에 들어갈 때마다 레이스로 덮인 죽은 형의 사진을 보고 두려움을 느꼈던 이유를 충분히 설명했다. 그의 아름다움은 내게 완전히 반대되는 반응을 일으키게 했다."

달리의 성장 과정에는 이중성이 존재했다. 공증인이었던 아버지가 엄격했던 것과 반대로 어머니는 달리의 예술적 재능과 창의력을 키워줬다. 하지만 안타깝게도 어머니는 달리가 열여섯 살에 불과했을 때 세상을 떠났는데, 이 사건은 그의 삶과 예술에 깊은 영향을 미쳤다.

그의 예술적 여정은 1922년, 페르난도 왕립미술아카데미에서 수학하고자 마드리드로 이주하면서 본격적으로 빛을 발하기 시작했다. 달리는 그곳에서 인상주의, 입체파, 미래파를 포함한 다양한 아방가르드 양식을 경험했다. 하지만 그의 반항적인 성격은 4년 후 퇴학이라는 결과를 낳고 말았다. 달리는 교수진 중 누구도 자신의 작품을 평가할 만큼 유능하지 않다고 선언하며 최종 시험을 거부했다. 훗날 예술적, 사회적 관습에 대한 그의 반항을 예고하는 행동이었다.

1902년 후반 달리는 파리로 여행을 떠나 그의 작품에 큰 영향을 준 피카소와 미로를 만난다. 그 시기에 달리는 기괴한 꿈과 같은 이미지와 독특한 초현실주의 스타일을 개발하기 시작했다. 프로이트의 정신분석 이론, 특히 꿈과 무의식에 관한 관점 또한 달리의 작품에 지대한 영향을 미쳤다.

1929년 작 〈위대한 자위행위자〉를 보면 평생 달리의 뮤즈로 추앙받았던 여성 갈라Gala가 나온다. 달리가 갈라를 만나 사랑에 빠지는 과정에서 성관계에 대해 심각하게 갈등하는 태도를 보이며 동시에 여성 생식기에 대한 공포증을 드러내고 있는 것으로 보인다.

달리가 어렸을 때 아버지는 성병에 걸린 사람들의 끔찍한 모습이 노골적으로 담긴 책을 보여줬는데, 성생활을 병들고 부패한 것과 연관짓는 트라우마가 평생 그를 괴롭혔다.

〈위대한 자위행위자〉의 중심에는 달리의 카탈루냐 집을 연상시키는 바위 해안 풍경이 있다. 갈라로 보이는 나체 여성상이 머리에서 솟아오르는데, 자위행위를 하는 남성이 상상하는 환상이다. 남성의 무릎은 잘려 있는데, 억압된 성욕의 징후로 보인다. 그림의 다른 모티브로는 성적 불안을 나타내는 메뚜기, 부패와 죽음에 대한 회피를 나타내는 개미, 다산을 상징하는 알이 있다.

프로이트의 제자나 다름없었던 달리는 정신분석 이론에 정통했다. 꿈이 '무의식에서 온 암호화된 메시지'라는 프로이트의 주장을 깊이 이해하고 꿈의 장면을 작품의 핵심으로 삼았다. 최면 상태에 들어가는 게 무의식의 잠재력을 끌어내는 열쇠라 생각했다. 또한 그는 수면을 활용해 창의성을 일깨웠는데, 그의 작품이 기발하고 때로는 불안한 이유는 달리가 유발한 최면 환각에서 비롯되었기 때문이다.

달리의 작품은 불가사의한 이미지를 만들어 환상적인 느낌을 준다. 많은 비평가들이 달리의 작품을 예술적 관점에서 분석

살바도르 달리,
〈깨어나기 1분 전 석류 주위를 날아다니는 벌에 의해 야기된 꿈〉,
1944

영화 〈라이프 오브 파이〉(2012) 포스터.

해왔지만, '최면'이라는 접근은 그의 작품 모티브에 대한 새로운 통찰력을 제공할 수 있다.

달리는 특정한 꿈의 이미지를 의도적으로 구축해 이미지를 현실에 접목함으로써 관찰하는 사람도 그림 속 이야기를 무의식적으로 받아들이게끔 묘한 조화로움을 선사했다. 대표적으로 〈깨어나기 1분 전 석류 주위를 날아다니는 벌에 의해 야기된 꿈〉이 아닐까 싶다.

필자는 이 작품을 보고 곧바로 영화 〈라이프 오브 파이〉를 떠올렸다. 영화와 그림 모두 우리를 현실과 상상이 완벽하게 융합된 세계로 초대하고, 무의식에 대한 매혹과 시각적 스토리텔링에 대한 혁신적 접근 방식을 엿볼 수 있게 해준다.

석류는 페르세포네에서 그리스도에 이르기까지 서양 신앙에서 찾아볼 수 있는 다산의 상징이다. 물고기는 기독교를 상징하며, 고대 문화권에선 신비로운 바다에 삼켜진 예상치 못한 징조와 징조를 전달하는 존재, 마법과 지혜의 존재이기도 하다. 물고기의 입에서 공격적으로 뛰어오르는 호랑이와 총검을 든 모습은 깨어남과 내면의 폭력이라는 격동의 상황을 나타낸다. 호랑이는 원초적 본능이나 무의식에서 분출되는 위협을 상징하는 반면, 다산과 재생의 상징으로 여겨지는 석류는 꿈속 여성성을 상징하는 것 같다.

달리의 초현실주의 작품에서 반복적으로 나타나는 주제인 '창조'와 '파괴' 사이의 긴장감을 다시 한번 확인하는 듯하다.

달리의 작품들 중에서도 〈기억의 지속성〉이 가장 유명할 것이다. 카탈루냐 북부 포틀리가트 해변을 배경으로 하고 있는 이 그림은, 친구들이 자리를 비운 사이 달리가 조용한 부엌에 앉아 접시에서 녹아내리는 까망베르 치즈에 집중했고 떠오르는 이미지를 편집증적 비평 방법으로 그렸다.

'편집증적 비평 방법'은 달리가 프로이트로부터 들었던 편집증이라는 정신증 용어에서 착안해 편집광적* 의식의 억압에서 벗어나고자 자신에게 유리한 쪽으로 왜곡해 해석하는 현상으로, 망상의 표현을 완벽하게 재현했다.

달리가 괴짜였던 건 맞지만 그가 편집증을 앓았다고 보긴 힘들다. 그는 편집증적 비평 방법을 작품으로 보여줬는데, 특히

★ 자신이 타인에 의해 조종되거나, 표적이 되거나, 통제받고 있다는 두려움.

광학적 환상과 기타 다중 이미지가 포함된 〈기억의 지속성〉에서 많이 사용했다.

편집증은 더 높은 수준의 자각, 즉 타당성이나 검증 같은 사소한 것에 얽매이지 않는 특권적 통찰력의 한 형태다. 편집증은 때때로 우리의 해석 능력을 괴롭히는 방해물처럼 여겨진다. 해석 능력을 확대하고 모든 걸 다른 모든 것에 비춰 지속적이고 잠정적 방식으로 설명함으로써, 대개 허무함을 합리화하는 동시에 훼손하고자 한다.

새가 된 나,
분신으로 남은 형상

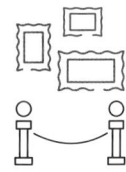

막스 에른스트Max Ernst는 독일 브륄에서 중산층 가톨릭 집안의 아홉 자녀 중 셋째로 태어났다.

그의 아버지 필립은 독실한 기독교 신자로 청각 장애인 교사였고, 엄격한 규율을 강요했다. 그런 아버지 때문에 에른스트는 어릴 때부터 저항심을 가졌다. 아버지에 대한 끊임없는 반항심은 에른스트가 10대에 들어 그림에 전념하면서 다소 안정적으로 돌아섰다.

하지만 1906년, 열다섯 살 에른스트에게 결정적 사건이 터진다. 아끼고 사랑했던 잉꼬 새의 죽음과 여동생 로리의 탄생이 그를 찾아온 것이었다.

에른스트는 여동생이 잉꼬의 생명을 빼앗아 갔다고 생각하며 히스테리성 발작과 흥분을 주체하지 못했고, 새와 인간을 혼동하는 위태로운 환상을 겪는다.

어린 소년은 일반적으로 생각하는 새의 상징성인 자유, 희망, 평화가 아닌 죽음의 징조로 보기 시작했다. 그렇게 새의 우월자이자 자신의 분신인 '로플롭'을 탄생시킨다. 로플롭은 에른스트의 무의식을 안내하는 신화 속 모호한 존재로, 작품에서 사역마(使役魔)*로 기능했다.

에른스트는 꿈에 민감해졌고, 자유 연상을 반복하며 어린 시절의 기억을 되새겼다. 독일 문화의 상징과 전통 또한 무시하지 않았다.

그는 꿈과 무방비 상태에서 떠오른 생각들에 담긴 상징을 분석하며, 새가 자신에게 일반적 의미뿐만 아니라 개인적 의미도 지닌다는 사실을 발견했다.

이러한 심리 상태는 그의 그림과 조각들에서 일관되고 끈질기게 드러난다.

〈꾀꼬리에 위협받는 두 아이〉는 에른스트의 새에 대한 강박관념과 환각적 드라마의 연출이라 할 수 있다.

나무로 된 붉은 문은 그림 표면에 고정되어 있는데, 열어젖

---

* 유럽의 중세 및 근세 민담에서 초자연적 존재 또는 영적 수호자로 여겨졌으며, 마녀와 주술사들의 마법, 점술, 영적 통찰력 수행을 보호하거나 돕는다고 믿어졌다.

막스 에른스트,
〈꾀꼬리에 위협받는 두 아이〉,
1924

히면 한 장면이 펼쳐진다. 왼쪽에는 한 여성이 작은 칼을 휘두르고 있고, 다른 여성은 실신한 듯 축 늘어져 있다. 지붕 위의 한 남성은 세 번째 인물을 데려가고 있으며, 손은 액자에 실제로 달린 손잡이를 향해 뻗어 있다.

어린 에른스트가 홍역으로 앓아누웠을 때 열병의 꿈에서 영감을 받은 것이다. 새는 매우 작고 미세하게 표현되었지만, 전체적 분위기는 공포에 휩싸인 것 같다.

한편 〈숲과 비둘기〉는 에른스트가 어린 시절 '숲'이라는 무시무시하고 몽환적 장소의 기억을 탐구하는 그림 중 하나다. 에른스트의 작품에는 새와 숲이 자주 등장하는데, 그는 우거진 숲이 어린 시절 집 근처 숲의 매혹과 공포를 떠올리게 한다고 말한 바 있다.

로플롭은 감시자이며, 방향 감각을 잃고 무관심한 환경에 놓인 에른스트가 투사하려는 초현실주의 세계 사이의 매개체이기도 하다. 그의 '분신'을 상징적이고 도상학적으로 표현하기도 했다. 새는 홀로 또는 무리로 등장하는데 에른스트에게 새는 '사적 신화화'로의 전환점이기도 하다.

〈새 기념비〉를 그리던 때는 에른스트에게 매우 생산적인 시기였으니, 그는 여러 연작을 동시에 작업했다. 이 시기를 지배한 건 단연 '새' 연작이었다고 할 수 있는데, 다양한 형태와 역할로 등장하는 새의 모티프는 그의 회화 전반에 나타난다.

광활한 푸른 하늘 아래, 몇 마리의 새가 평화롭게 떠 있고 그들의 머리는 풍성한 깃털 속에 파묻혀 있으며 한 마리만이 곧게 서서 보초를 서듯 하늘을 바라보고 있다. 새들은 의식적이고 독립된인 자세로 하늘의 세계를 고요히 주재하고 있다.

이 새들의 표현 방식은 에른스트의 작업 중에서도 매우 드문 사례이며, 일부 평론가는 이 장면이 기독교 도상을 참조한다고 보기도 한다. 새들이 보여주는 무중력감, 무표정함이 세속적인 것으로부터 면역된 승천을 암시한다는 해석도 있다.

그는 평생 자신을 '새들 중에 가장 뛰어난 새'라고 여겼는데, 로플롭은 1928년 〈순결한 요셉〉에 처음 등장했다. 구약성서의 한 이야기를 바탕으로 한 〈순결한 요셉〉은 에른스트의 걸작 중 하나다.

에른스트는 청동으로 된 새 모형을 조각 작품으로 남기기도 했다. 토테미즘에서 영감을 받은 예술 작품은 주로 동물이나 자연물 등을 소재로 해 특정 부족이나 집단의 신앙과 연관된 형상을 나타내는데, 에른스트의 청동 조각은 토테미즘의 성격이 매우 강하다.

프로이트는 저서 『토템과 금기』에서 현대의 사회화 형태가 원시 문화에 의해 형성되었으며, 순응 행동은 공통적인 원시 형태에서 비롯된다고 했다.

프로이트에게 토템은 살해된 아버지를 대체하는 존재로, 아들의 극심한 죄책감을 완화하고 아들이 아버지의 지위를 차지해 다른 아들들을 지배하는 걸 방어한다.

하지만 에른스트가 창조한 새들은 실제로 '비행'하는 본연의 능력은 보여주지 않는다. 그림과 조각뿐만 아니라 여러 판화에서 로플롭은 무의식적 상징으로 이뤄진 분열된 세계를 주관하는 모습을 볼 수 있다.

에른스트는 새를 상징으로 더 많은 독립성을 확보할수록,

막스 에른스트,
⟨순결한 요셉⟩,
1928

자신의 예술을 타인이 이해할 수 있는 뭔가로 만들어가는 듯하다. 덕분에 우리는 그의 그림으로 에른스트의 자아가 진화하고 발전하는 모습을 목격할 수 있다.

어쨌든 이 모든 건 이론일 뿐이며, 각자의 의도에 따라 해석할 수 있다. 초현실주의 예술가들은 자신의 예술이 해답을 제시하기보다 관람자가 더 많은 질문을 던져주길 원했다.

× 참고문헌

권석만(2000).『자기애성 성격장애』. 학지사.

김승호(2020). '자화상과 죽음의 이미지: 아놀드 뵈클린의 〈바이올린을 켜는 해골이 있는 자화상〉을 중심으로'.「미술문화연구」18, 53-77.

심상욱(2001). '19세기 말 서양 회화의 여성 이미지에 나타난 아니마에 관한 연구'.「미술치료연구」8(1), 153-195.

이부영(2011).『분석심리학: C. G. 융의 인간심성론(제3판)』. 일조각.

이부영(2021).『분석심리학 3부작: 아니마와 아니무스』. 한길사.

이영재(2023). 'C.G.융의 분석심리학 관점에서 본 회화의 개성화 연구', 이화여자대학교 박사학위 논문.

잉그리트 리델(2004).『색의 신비』. 정여주 역. 학지사.

진 쿠퍼(2023).『그림으로 보는 세계 문화상징 사전』. 이윤기 역. 까치.

칼 구스타브 융(1964).『인간과 상징』. 이부영 외 역. 집문당.

황정국(2010). '무의식의 형상화로서의 예술'.「기초조형학연구」11(3), 563-574.

Arnold, W. N. (2004). The illness of Vincent van Gogh. J Hist Neurosci, 13(1), 22-43.

Arnold, W. N. (1992). Vincent van Gogh: Chemicals, crises, and creativity.

Cambridge, MA: Birkhaeuser.

Arnold, W. N., & Loftus, L. S. (1991). Xanthopsia and van Gogh's yellow palette. Eye, 5(5), 503–510.

Bartlett, J. R. (1860). Dictionary of Americanisms: a glossary of words and phrases usually regarded as peculiar to the United States. Little, Brown.

Baselitz, G. (2011). Gesammelte Schriften und Interviews. Edited by D. Gretenkort. Hirmer Verlag, München.

Blumer, D. (2002). The illness of Vincent van Gogh. American Journal of Psychiatry, 159(4), 519–526.

Breton, A. (1969). Manifestoes of surrealism (Vol. 182). University of Michigan Press.

Brodskaïa, N. (2015). Surrealism. Parkstone International.

Caraccio, M., & Kryger, M. H. (2023). Salvador Dalí: hypnagogic hallucinations in art. Sleep Health: Journal of the National Sleep Foundation, 9(1), 1–2.

Cernuschi, C. (2013). The self-portraits of Gustave Courbet. Courbet Mapping Realism, 39–66.

Colman, G. (1822). Blue Devils: A Farce (Vol. 15). for the Proprietors, by W. Simpkin, and R. Marshall.

Cooper, D. (1957). Two Japanese prints from Vincent van Gogh's collection. The Burlington Magazine, 99(651), 204-198.

Cotton, S. (2011). Vincent van Gogh, chemistry and absinthe. Education in Chemistry.

Dalí, S. (2013). The secret life of Salvador Dali. Courier Corporation.

David, A. M. (2015). Fashion Victims: The Dangers of Dress Past and Present. Bloomsbury Publishing.

Davis, J. T., Robertson, E., Lew-Levy, S., Neldner, K., Kapitany, R., Nielsen, M., & Hines, M. (2021). Cultural components of sex differences.

Delgado, M. G., & Bogousslavsky, J. (2018). Joan Miró and Cyclic Depression. Frontiers of Neurology and Neuroscience, 43, 1-7.

Dixon, A. G. (2018). Art: The Definitive Visual Guide. National Geographic Books.

Ernst, M. (2005). Max Ernst: a retrospective. Metropolitan Museum of Art.

Esman, A. H. (2011). Psychoanalysis and surrealism: André Breton and Sigmund Freud. Journal of the American Psychoanalytic Association, 59(1), 173-181.

Finger, S. (2001). Origins of neuroscience: a history of explorations into brain function. Oxford University Press.

Freeland, C. (2010). Portraits and Persons. Oxford: Oxford University Press.

Freud, S. (2012). Totem and taboo. Routledge.

Greeley, R. A. (2001). Dali's fascism; Lacan's paranoia. Art History, 24(4), 465-492.

Gruener, A. (2014). Degas 'exercise of circumvention'. British Journal of General Practice, 64(622), 246-247.

Holstege, C. P., Baylor, M. R., & Rusyniak, D. E. (2002). Absinthe: Return of the Green Fairy. Semin Neurol, 22(1), 89-93.

Hurlbert, A. C., & Ling, Y. (2007). Biological components of sex differences in color preference. Current biology, 17(16), R623-R625.

Jacobi, J. (1973). Freud et Jung. Rencontre et séparation. Bulletin de psychologie, 27(309), 26-31.

Jung, C. G. (1969). Flying Saucers: A Modern Myth of Things Seen in the Sky. New American Library.

Kandel, E. (2012). The age of insight: The quest to understand the unconscious in art, mind, and brain, from Vienna 1900 to the present. Random House.

Labrecque, L. I., & Milne, G. R. (2012). Exciting red and competent blue: the importance of color in marketing. Journal of the Academy of Marketing Science, 40(5), 711-727.

Lee, T. C. (1981). Van Gogh's vision: digitalis intoxication?. Jama, 245(7), 727-729.

Le Men, S. (2008). Courbet. Abbeville Press: New York, 17.

Lubin, A. J. (1972). Stranger on the earth: A psychological biography of Vincent van Gogh. New York : Da Capo Press.

MacDonald, M. (1981). Mystical Bedlam: madness, anxiety and healing in seventeenth-century England. Cambridge University Press.

Macmillan, D. (1987). Books: JOAN MIRO. Art Monthly (Archive: 1976-2005), (108), 28.

Marcus, E. L., & Clarfield, A. M. (2002). Rembrandt's late self-portraits: psychological and medical aspects. The International Journal of Aging and Human Development, 55(1), 25-49.

MacGregor, R. (1989). The discovery of the art of the insane. Princeton, NJ: Princeton University Press.

MC Vaugh, R. (1978). New Light on Picasso's La Vie. Bulletin of the Cleveland Museum of Art. pp. 67-71.

Miró, J., & Rowell, M. (1986). Joan Miró: selected writings and interviews. Rowell Margit(trams), Boston: G.K. Hall & Co.

Oktaviana, A. A., Joannes-Boyau, R., Hakim, B., Burhan, B., Sardi, R., Adhityatama, S., ... & Aubert, M. (2024). Narrative cave art in Indonesia by 51,200 years ago. Nature, 631(8022), 814-818.

Palmer, S. E., & Schloss, K. B. (2010). An ecological valence theory of human color preference. Proceedings of the National Academy of Sciences, 107(19), 8877-8882.

Pastoureau, M. (2017). Red: the history of a color. Princeton University Press.

Perruchot, H., & Hare, H. (1960). Toulouse-Lautrec. World Publishing Company.

Röske, T. (2003). Expressionism and insanity. Raw vision, 45, 32-39.

Russell, J. (1967). Max Ernst:life and work. NY.

Schildkraut, J. J. (1999). Rembrandt by himself. American Journal of Psychiatry, 156(12), 2009-2010.

Shore, R. (2023). Yayoi Kusama. Hachette UK.

Stokes, C. (1983). Surrealist Persona: Max Ernst's" Loplop, Superior of Birds". Simiolus: netherlands Quarterly for the History of Art, 225-234.

Szasz, T. (2009). Coercion as cure: A critical history of psychiatry. Transaction publishers.

Van de Wetering, E. (1999). The multiple functions of Rembrandt's self portraits. Yale: Yale Univ. Press. 8-37.

Vogt, D. D., & Montagne, M. (1982). Absinthe: behind the emerald mask. Int J Addict, 17(6), 10151029.

Williams, G. (1958). What Is the Meaning of Chaucer's" Complaint of Mars?". The Journal of English and Germanic Philology, 57(2), 167-176.

https://www.abc.net.au/news/science/2024-07-04/cave-art-indonesia-oldest-storytelling-wild-pig-homo-sapiens/104047602

https://www.britannica.com/biography/Amalasuntha

https://www.britannica.com/topic/memento-mori

https://en.wikipedia.org/wiki/Humorism

https://en.wikipedia.org/wiki/Red_flag_(politics)

https://www.hotdesign.com/marketing/whats-your-favorite-color

https://www.histoiredelafolie.fr/psychiatrie-neurologie/les-ecrits-et-les-dessins-des-alienes-par-paul-max-simon-1888

https://iaap.org/jung-analytical-psychology/short-articles-on-analytical-psychology/anima-and-animus-2

https://www.khan.co.kr/article/202005142216005

https://www.osvaldolicini.it/notizie/osvaldo-licini-amalassuntae.

미술관에 간 심리학

초판 1쇄 발행 2025년 9월 1일

지은이 | 문주
펴낸곳 | 믹스커피
펴낸이 | 오운영
경영총괄 | 박종명
기획편집 | 김형욱 최윤정 이광민
디자인 | 윤지예 이영재
기획마케팅 | 문준영 박미애
디지털콘텐츠 | 안태정
등록번호 | 제2018-000146호(2018년 1월 23일)
주소 | 04091 서울시 마포구 토정로 222 한국출판콘텐츠센터 319호(신수동)
전화 | (02)719-7735   팩스 | (02)719-7736
이메일 | onobooks2018@naver.com   블로그 | blog.naver.com/onobooks2018

값 | 22,000원
ISBN 979-11-7043-669-0 03180

* 믹스커피는 원앤원북스의 인문·문학·자녀교육 브랜드입니다.
* 잘못된 책은 구입하신 곳에서 바꿔 드립니다.
* 이 책은 저작권법에 따라 보호받는 저작물이므로 무단 전재와 무단 복제를 금지합니다.
* 원앤원북스는 독자 여러분의 소중한 아이디어와 원고 투고를 기다리고 있습니다. 원고가 있으신 분은 onobooks2018@naver.com으로 간단한 기획의도와 개요, 연락처를 보내주세요.